죽음

"지속의 사라짐"

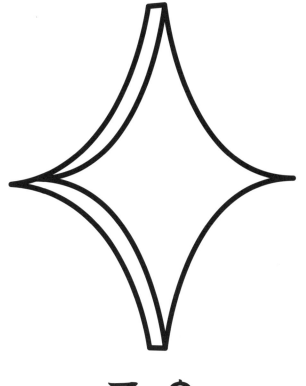

죽음

최은주 지음

은행나무

죽음은 살아 있는 사람의 문제이다.
죽은 사람에게는 더 이상 문제가 되지 않는다.

— 노베르트 엘리아스

더위가 극에 달하는 여름이면 납량특집 드라마나 공포 영화가 여지없이 등장한다. 이들 속에는 비명횡사 같은 뜻밖의 재앙이나 사고의 위협들이 번뜩거리며 나타난다. 오늘날의 납량 극은 〈전설의 고향〉*에나 나올 법한 시골이 아니라 한낮의 강렬한 빛을 받는 대도시 한복판을 배경으로 한다. 깨질 것 같은 금속성의 음향과 긴장감을 높여주는 ENG카메라의 급회전에 이르기까지, 가능한 모든 공포의 효과가 동원된다. 보이지 않는 죽음의 그림자를 대신하는 카메라의 추격과 피해자의 공포에 사로잡힌 얼굴은 긴 머리카락의 귀신보다 훨씬 더 오싹하다. 뒷덜미에 뭔가 달라붙는 것 같은 기분과 쭈뼛해지는 머리카락, 땀이 쥐어지

---

*   1977년부터 2009년까지 방영되었던 TV 드라마.

는 손, 마침내 숨이 멎을 것만 같은 90분의 긴장이 물러가면 불이 켜지고 관객들은 떠밀리듯 인파에 휩쓸려 극장 밖으로 나온다.

삼십 도가 훨씬 넘는 뜨거운 여름 거리를 태양이 달구고 있다. 더위가 오히려 따뜻하게 느껴지면서 "아, 나는 살아 있다!"라는 중얼거림과 함께 안도의 한숨이 나온다. 그리고 집으로 돌아오면 평범했던 일상이 흘러가고 가끔씩 기분 좋은 공포가 스멀스멀 올라와 사물들로 스며든다. 집 안의 문이란 문은 모두 영화 속의 불길한 소품을 대체하면서 냉장고 문과 옷장 문, 화장실 문을 여는 데에도 잠시 흠칫하게 만들기도 한다. 죽음은 누군가를 엄습하는 위협적인 것이지만 재미를 극대화시키는 무시무시한 이야기의 중심에서 빼놓을 수 없는 요소이다. 그 이야기들은 누군가를 죽게 하고 누군가를 살게 한다. 영화 속 죽음도 결국은 삶을 편들면서 누군가를 살려야 한다는 운명에 처한 것처럼 보인다. 그러나 죽음으로부터 구출된 안도의 순간에 또 다른 위협의 그림자가 영화의 말미를 슬쩍 가로지른다. 속편을 예고하는 장치이다. 그렇게 죽음의 공포는 번지점프의 쾌감 중독처럼 영화의 속편을 기다리게 만든다.

이처럼 오늘날의 죽음은 영화 장난감에 담겨 볼거리로 축소되었다. 정작 도시에서 죽음은 흔하게 볼 수 없다. 묘지는 도시 밖으로 쫓겨나면서 조망 좋은 '추모공원'

이나 죽음을 전시하는 '납골당 꾸미기'의 이름으로 상품화된 구경거리가 되었다. 병원은 도시의 미관에 적합하게 호텔처럼 바뀌었고 품위를 갖췄다. 아름다운 조경과 편의 시설, 레스토랑과 베이커리 그리고 플로리스트와 은행이 들어섰다. 아름다움은 얼굴과 몸매에만 영향을 준 것이 아니다. 서구화된 미래 지향적 도시 계획에 따라 도시는 점점 더 깨끗하고 말쑥해져갔다. 우리의 눈앞에 불쾌하고 거추장스러운 광경은 모두 사라졌다.

금지된 죽음

할머니의 장롱 속 수의와 노넨알데하이드Nonenal-dehyde라는 물질이 원인인 노화의 냄새는 할머니가 요양원에 갈 기일이 다가오고 있음을 알려준다. 시간은 우리의 생활을 단기적이고 장기적으로 계획하게 해주었다. 할머니의 죽음도 마치 이러한 계획 속에 포함된 것 같다. 이 계획 속에 죽음을 예측해줄 시각과 후각이 가동된다. 영화 스크린의 강렬한 시각적 공포뿐만 아니라 후각에 의해서도 죽음의 그림자는 측정되며 도시의 삶에서 '처리'해야 할 위생 문제로서 인식된다. 위생과 병원의 체계적인 발달로 질병 및 불결과 불쾌를 관리하는 질병관리청*과의 협력 하에 도시가 더욱 깨끗하게 보존될 수 있게 되었다.

강화된 청결 의식은 죽음을 공포나 두려움의 감정보다 먼저 불결하고 불쾌한 것으로 인식하게 만들었다. 질병과 노화와 죽음의 그림자는 하나의 패키지 상품처럼 묶여 통째로 안전 시설로 팔려 나갔다. 그 뒤로는 포르말린이 뿌려진다. 마치 죽음의 그림자에서 완전히 벗어난 것 같다. 개별적인 무장도 잇따라 등장했다. 자외선과 바이러스를 차단하는 전면 마스크를 쓴 사람과 아침 등산로나 거리에서 마주치다가 흠칫 물러난 경험을 해봤을 것이다.

이제 관리해야 할 것은 건강과 보험이다. 죽음은 피할 수 없지만, 몸은 변화 가능하다. 도시는 그런 마음을 알아주는 듯 의욕적으로 운동과 스포츠를 개발하고 홍보한다. 건강보험과 종신보험 광고는 케이블 채널의 고정 프로그램이 되었다. 더 건강한 몸을 위해 더 많은 운동을 해야 하며 더 나은 보험 수혜를 위해 더 오래 노동을 해야 한다. 새벽에도 밤에도 사람들은 걷고 자전거를 타며 피트니스 클럽을 채운다. 그렇게 하면 사후세계의 강, 레테로 끌려가는 대신 죽음이 먼저 레테를 건너가고 말 것 같다. 다시는 죽음이 위협해 오지 못할 것만 같다. 그러니 "죽음이 멀리에서 그림자처럼 비치지 않는다면 결코 극단적인 희열을 맛볼 수 없었을 것"이라는 바타유Georges Bataille의 말

*   질병관리본부였다가 2020년 9월 12일 질병관리청으로 승격되었다.

쯤은 두 눈 꾹 감고 잊어도 좋다.

그러나 두 눈 꾹 감고 잊는다 해도 인간은 죽는다. 그렇게 죽을 운명이지만 수의를 준비해둔 할머니를 요양원에 보내면 죽음을 감출 수 있을 것만 같다. 요양원에 갈 날짜를 받아 놓은 할머니만 사망 진단을 받은 것처럼 죽음을 앞당긴 기분에 사로잡힌다. 죽음이 찾아오기 전에 할머니는 사회적으로 죽은 사람이 되는 것이다. 평생 같이 살던 자식들과 떨어져서 처음 보는 낯선 사람들에게 맡겨지는 순간, 할머니의 일상은 정상에서 비정상적인 삶으로 전환하게 된다.

요양 시설의 대중화는 병중에 따른 요양원 또는 요양병원으로의 자연스럽고 순차적인 이동을 의미화한다. 그러나 요양원으로 이동함으로써 할머니에게 더 이상 정상적인 일상은 불가능해지는 것이다. 정상과 비정상이 섞여 비정상이 비정상으로 인식되지 않았던 옛날과 같은 일은 더 이상 없다. 점점 수족을 쓰기 어려워지는 할머니를 24시간 돌볼 사람은 없기 때문이다. 그러나 24시간의 보살핌을 받을 수 있는 사람은 아무도 없다. 갓난아이도 혼자 견뎌야 하는 시간이 있다. 이처럼 병원과 요양 시설, 상조 회사는 살아 있는 사람 위주의 발명품이라는 것을 먼저 기억할 필요가 있다.

죽음의 업무가 금전적인 것이 됨에 따라 살아 있는

사람의 문법 속에 죽어가는 사람이 복속된다. 장례 회사를 불러 장례 절차를 밟아주는 병원과 요양 시설은 비용을 지불할 살아 있는 사람을 위해 구비된 것들이다. 그러나 정작 죽어가는 사람들에 대한 관심은 축소되어버렸다. 죽어가는 사람이 필요한 것이 무엇이며, 죽어가는 사람 또한 삶이 있다는 것이 간과되는 것이다. 결국 죽어가는 사람이 이해받지 못하고 홀로 고립된다는 점에서 현대가 죽음을 대처하는 방식은 상당 부분 실패했다. 앞으로는 비용 처리되는 요양 시설이 점점 다양해질 것이고, 살아 있는 사람을 위한 더 많은 조건과 편리를 보장하면서 높은 비용이 요구될 것이다.

죽음마저 현대 소비 사회의 주요 상품이 되면서 더 많은 시간의 노동이 살아 있는 사람에게 요구된다. 살아 있는 사람이 중요해진 것은 바로 지불 능력 때문이다. 지불 능력이 없는 죽어가는 사람은 자신이 집에 머물 것인지, 병원에 머물 것인지, 요양원으로 갈 것인지 선택권이 없다. 이렇게 죽음은 삶의 뒤편으로 내몰리게 되고, 막상 도시 뒤편에서 내가 그 죽음을 홀로 맞이해야 할 때가 되어서야 죽음은 무겁고 힘든 것이 된다. 누구의 죽음이 아닌, 바로 나의 죽음일 때 죽음은 나를 고뇌에 차게 만드는 것이다.

나는 열두 살에 85세셨던 할아버지의 죽음을 경험했

다. 아마 새벽이었을 것이다. 부산한 소리에 깨어나 부모님으로부터 할아버지가 돌아가셨다는 이야기를 들었다. 그때 중학생이었던 오빠는 할아버지와 한 방을 쓰고 있었는데, 자다가 무슨 기분에 의해서였는지 일어나 부모님을 깨웠다. 되도록 조용히 그러나 부지런히 어떤 일들이 진행되었다. 나는 할아버지의 모습을 보지 못했다. 초겨울의 어둑한 골목으로 떠밀려 나와 약국을 향해 달렸다. 약솜을 사오라는 심부름이었다. 아직 문을 연 약국이 없었다. 병원에서 장례식을 하는 것이 흔치 않았던 그 시절에 우리 식구가 살던 좁은 아파트에서 초상이 치러졌다. 아버지의 곡하는 소리와 조문객들의 인사가 하루 종일 이어졌다. 할아버지의 장례는 그렇게 사흘간의 잔치처럼 꽤 시끌벅적하게 진행되었다. 친인척들은 오랜만에 만나 술을 마시고 회포를 풀었다. 어머니를 도와 친척 아주머니들은 음식을 마련했고 상을 차렸다. 그 후 가족들만 덩그러니 남았다. 방이 비워진 것처럼 죽음의 의식은 할아버지를 비워냈다.

　나는 할아버지의 시체를 끝내 보지 못했다. 어른들은 어린 내가 주검을 마주하는 것이 바람직하지 않다고 생각한 것 같다. 그러나 어린 내가 죽음을 인식하지 못했던 것은 아니다. 그것은 무서운 느낌이라기보다는 어제까지 방에 계시던 할아버지의 부재로 인한 상실감이었다. 할아버지와 아주 가까운 사이는 아니었지만 더 이상 매일 문안

인사를 드릴 수 없다는 것도, 영원한 작별인사를 하지 못한 것도 어리둥절한 일이었다. "할아버지는 천국에 계신단다", "엄마는 하늘에서 너를 보고 계신단다", "네 동생은 천사가 되었단다"와 같은 언어 표현은 누군가 죽었을 때 아이들에게 말해줄 적절한 표현이라고 이미 널리 소개되었다. 그리고 지금도 여전히 모범적인 표현의 사례로 사용되고 있다. 아이들이 죽음을 이해하지 못한다거나 슬퍼할 줄 모른다는 어른들의 이런 생각은 아이들이 죽음을 알지 못하게 감추어 가족이나 가까운 사람의 죽음을 직접 겪어야 할 때 훨씬 더 어려운 것으로 만들어버렸다. 병원에서부터 죽음이라는 단어를 더 이상 사용하지 않게 되면서, '죽음'은 금기어가 되었다.

할아버지가 돌아가신 이후로 한동안은 주변에 죽음이 없었다. 그렇게 경험되지 않는 죽음은 먼 시간성 속에서 관심 밖으로 멀어졌다. 핵가족 위주의 생활과 젊은 사람들의 도시 이동은 노인과 친인척의 분리를 가속화시켜 죽음을 경험할 기회를 빼앗아갔다. 또한 수명이 연장되어 삶이 길어진 만큼 죽음 또한 연기된 이유도 있다. 질병 예방과 치료의 의학 기술은 수명 연장과 동시에 죽음을 배후로 밀어내는 데 지대한 영향을 끼쳤다. 안락사와 의료 윤리 문제와 같은 죽음의 윤리 문제 또한 한때 크게 공론화되기도 했으나, 불편한 주제라는 거부감을 일으키면서 대학과 병원의 학술회의장으로 옮겨 갔다.

삶의 법칙

오랜 세월 동안 모든 학문 분야에서 매달려왔지만 죽음이 무엇인지, 알아내지도, 막을 수도 없었다. 죽음 관련 서적은 수적으로 꾸준히 증가했지만 죽음에 대한 사람들의 관심은 점점 더 줄어들었다. 죽음을 받아들이는 문제에 대해 각 분야의 서적들이 최적의 방향을 제시하려고 했지만 사람들은 정작 죽음보다 죽음을 연기해줄 의학 기술과 미용술, 의약품에 더 많은 관심과 투자를 아끼지 않는다.

평균 40세였던 수명이 이제는 100세를 바라보는 시대가 된 것이다. 수명을 늘리는 기술뿐만 아니라 최대한 젊고 아름답게 유지하는 것이 미덕인 사회가 되었다. 그것이 삶의 의미이며, 다이어트와 스포츠 그리고 건강에 관한 서적이나 온라인 스트리밍 등이 그러한 삶을 밝게 비춰주는 것만 같다. 긴 역사 동안 인간은 죽어야 한다는 사실을 잊고 싶어 모든 것을 발명해내면서 동물과 다를 바가 없다는 사실을 잊으려 했다. 인간이 국가와 도시, 그리고 자연을 발명한 것은 분명 위대한 업적이지만, 내 개인에 대한 영향은 간접적일 수밖에 없다. 죽음을 '무無'가 아니라고 여길 수 있는 유일한 방법은 현재를 영원한 젊음과 건강으로 살아가는 것이다.

　이렇게 젊고 아름다움만 출렁거리는 도시의 대형 전광판에는 역설적으로 전쟁으로 고통스러워하는 사람들, 기아로 죽어가는 사람들이 정치·도덕적 홍보물로 등장한다. 그러나 세계 곳곳이 전쟁과 기아로 죽음을 공포 속에 맞고 있다는 사진들의 효과란 기껏해야 바르트Roland Barthes의 표현처럼 "길들이기에 가까운 평균 감정" 정도이다. 이미 오래전부터 비슷한 표정과 눈빛의 얼굴들은 보는 사람을 길들여 놓았기 때문에 인간적 흥미 외에 흥분되기란 쉽지 않은 것이다. 그 얼굴들은 전쟁을 통해 발생된 '불가피한' 상황의 산물이자 멀리 동떨어진 것에 지나지 않는다.

　'불가피한' 죽음이란 그들끼리 싸우면서 발생된 것이다. 자기 것을 놓고 타인과의 경계를 나누면서 발생시킨 위선적인 이중성이 타인의 죽음을 불가피한 것으로 여기게 만들었다. 그렇게 분리된 타인의 얼굴은 거리에서 스치는 평범한 '에브리맨everyman'의 것이나 마찬가지여서 개별적인 정서 관계의 격렬함을 일으키지 못한다. 나와 타인 사이에는, 아무리 가까운 사이라 해도 피부로 감싼 육체라는 개별성에 의해 가로놓인 심연이 있다. 정서적 관계를 맺고 있다 하더라도 나는 그렇게 단자單子로 구성되어 있기 때문에 독립된 자아로 여겨지고 삶의 의미조차 독립된 개체로서 파악된다.

그런데 독립된 개체로서 파악할 수 있는 삶이란 것은 없다. 타인과 분명하게 나눠진 육체의 개별성과 달리, 외부 세계는 나에게 들러붙어 있어서 타인으로부터 완전히 분리된 나 자체로서의 순수한 의미를 갖는 것은 불가능하다. 나는 단일하다는 의미의 단수성單數性을 보유하지만 내가, 나의 사고와 나의 머리 스타일이, 옷차림이 순수한 나의 취향이라고 말할 수는 없다. 나는 이미 존재하는 외부 세계 속에 타인이 의미화한 것을 내 안에 내재화시켰기 때문에 나에게 의미는 타인과의 관계 속에 생성된다.

가치라는 것도 내게서 순수하게 주조된 것이 아니며, 나의 창작도 외부에 존재하는 세계와의 긴밀한 접촉 속에 내가 주워 올린 것들이다. 이러한 긴밀한 관계에서 죽음을 맞이하는 일만은 홀로 감당해야 하는 사적이고 독립적인 것이 되었다. 과거처럼 임종 시에 가족들에 의해 둘러싸여 있는 것이 아니라 신속한 의사의 진단에 따라 환자나 노인 본인의 의사와는 전혀 상관없이 병원이나 요양 시설에 가서 먼저 죽음을 기다려야 한다. 그 기다림은 홀로 이루어진다. 비용 처리를 담당할 살아 있는 사람을 중심으로 모든 일이 행해져야 하는 것이 삶의 법칙이 되어버린 것이다.

죽음을 넘어서

　이 책은 변화하는 죽음에 관한 이야기다. 오늘날에는 죽음이 개인적인 사건이 되어버렸지만, 한때는 죽음을 마음대로 다루고 싶었던 것 같다. 정치적 권력을 위해 사용되기도 하였고 사회적 이데올로기로 도구화되기도 했다. 예술과 문학에서는 죽음이 미화되거나 신비화되었다. 죽음의 의미는 그렇게 살아 있는 사람에 의해 변화해왔고 현재에도 변화되고 있다. 그러나 분명한 것은 죽음이 무의미해지면 삶 또한 무자비하고 황폐하게 바뀔 것이라는 사실이다. 사전적으로 알려진 것과 달리 죽음은 삶의 대립이 아니다. 죽음은 삶에 대한 사유를 가능하게 한다. 인간이 수치심을 느낄 수 있는 존재라는 점은 죽음의 그림자를 미리 쫓아버리는 데에 있는 것이 아니라, 어떻게든 죽음을 삶의 대척점으로 놓으면서 삶을 가장 강렬한 것으로 바꿔놓는 것에 있다. 생명을 보존하고 본능적인 욕망을 충족시키는 것에만 삶의 목적을 둘 것인지, 죽음을 의식하고 죽음의 한계 상황을 뛰어넘는 내적 삶에 몰두하여 실존적인 자기 의식을 충실화할 것인지는 인간이 선택해야 할 존재 양식이다.

　우리는 모두 죽는다. 모두가 죽는다는 사실 때문에 죽음은 가장 보편적인 사건이지만 개인에게는 절대적이고 유일한 사건이다. 유일한 것이기 때문에 자신의 죽음은 직접 경험해서 느낄 수 있는 어떤 것이 아니다. 그러나 자신이 언젠가는 죽을 것이라는 사실을 알고 있다. 불확실하기는 하지만 언젠가는 자기에게 일어날 죽음을 예감한다. 그리고 먼저 죽어가는 타인을 통해, 타인과의 관계를 통한 경험에서 죽음을 예측한다. 사랑하는 사람이 나보다 먼저 죽기도 하고 내가 사랑하는 사람보다 먼저 죽기도 한다. 보편적으로는 조부모님, 부모님의 순으로 돌아가실 것이고, 내가 자식보다 먼저 죽을 것이다. 그런 식으로 궁극적으로는 모두 각자의 죽음과 마주해야 할 테지만, 태어난 순서에 따라 보편적으로 죽음이 정해지는 것은 아니다. 동생이, 자식이 나보다 먼저 죽을 수도 있다. 따라서 죽음은 예감을 비켜서는 급작스러운 사건이다.

그러나 보통은 이러한 사실을 잊고 도피하는 방식으로 살아간다. 언젠가는 죽을 것이지만 존재하는 한 죽음이 함께하지 않기 때문에 세속적인 일들에만 몰두하며 살아간다. 죽음은 생명의 종말 이상도 이하도 아닌 것 같다. 그러나 불행으로 죽음을 의식하여 허무주의적으로 받아들일 것인지, 아니면 삶의 조건으로 받아들이면서 실존적 삶의 차원으로 죽음을 경험할 것인지에 따라 삶과 죽음의 의미는 달라진다. 죽음은 단지 "실존의 자기의식을 파괴하는 것이 아니라 한계 상황으로서의 죽음 앞에 자신의 의식이 충실화되는 것"이라는 야스퍼스Karl Jaspers의 말처럼, 죽음의 인식 방식에 따라 삶이 질적으로 바뀔 수 있다. 또한 죽어가는 타인에게 죽음뿐만 아니라 삶도 있다는 사실을 인식 가능하게 만든다. 이러한 태도가 죽음과 관련된 모든 업무를 지불 능력이 있는 건강한 사람 위주로만 만들지 않을 수 있으며, 궁극적으로는 자신의 죽음에 대한 사유를 이끌어내게 만든다. 죽음은 살아 있는 사람의 문제이지 이미 죽은 사람의 문제가 아닌 것이다.

　나는 지금 서울로부터, 그리고 내가 소속된 곳으로부터 지리적으로 백 킬로미터 떨어진 곳에 있다. 그러나 인터넷과 스마트폰, 그리고 페이스북과 트위터 같은 SNS에 의하여 어디에든 개방되어 있다. 서울과 제주도는 물론 미국과 싱가포르, 일본, 네팔에 있는 친구와도 당장 대화를 나눌 수 있다. 그쪽의 야심한 밤 시간만 피한다면 말이다. 지역 뉴스는 물론 세계의 뉴스와 각 도시의 날씨도 즉시 알 수 있다. 앉은 자리에서 내일 떠날 비행기의 좌석을 바꿀 수도 목적지를 바꿀 수도 있다. 단수적인 개체성에도 불구하고 나의 귀와 눈은 세계를 향해 열려 있는 것이다. 그렇게 개방되어 있지만 개별적인 육체를 가지고 있기 때문에 폐쇄되어 있기도 하다.

　이 개별성 덕택에 나는 타인에 대해 이기적이고 냉담하며 무관심할 수 있고, 그만큼 자유롭다. 자유롭기 때문에 고독하지 않은 것 같지만, 그만큼 더 큰 고립감으로 치를 떨면서 인터넷과 스마트폰 속의 누군가를 향한 호명으로 한밤중에도 깨어 있다. 세상에 홀로 버려진 느낌에 빠지기도 하고, 홀로 늙어가거나 죽어야 하는 미지의 두려움에 휩싸일 때가 있는 것이다. 나는 그만큼 결핍된 존재이다. 외로움을 달래줄 누군가를 찾으면서, 타인의 외로움에 대해서는 방관하는 것이 바로 나다. 나의 외로움을 달래려면 타인이 필요하고, 타인이 외로울 때는 나도 그의 옆에 있어줘야 한다는 사실은 인식하지 못하는 것이다.

이처럼 나는 나 홀로가 아니라 타인과의 관계 속에서만 나 자신을 정의할 수 있는 존재이다. 그리고 이 세계의 모든 사람들이 궁극적으로 죽는다는 사실은 개별적인 폐쇄성에도 불구하고 공통된 하나의 운명이다. 나 자신만이 아니라 자신의 바깥에 대한 인식을 스스로에게 권하면서, 죽음에 처한 타인을 향해 '우리'의 가능성으로 나눔을 형성하는 것이다. 그렇게 먼저 오는 타인의 죽음과의 관계에서, 그 죽음에 정서적으로 개입하면서 나는 비로소 세계를 이해할 수 있고, 그 세계 속의 나, 나의 죽음을 넘어서게 된다. 두렵지 않게.

①

죽음과 예술

위험한 턱

그녀에게 가련하고 비극적인 표정은 없다. 가늘고 고운 선이 드러나는 흰 드레스가 여성적인 몸매를 드러내지만, 머리카락 속으로 집어넣은 한쪽 손과 펼쳐져 있는 다른 쪽 팔은 누워 있기 때문에 그녀가 수동적이면서도 무방비 상태에 있음을 나타낸다. 옷을 입었음에도 불구하고 두드러진 가슴과 정면을 향해 치켜뜬 눈은 도발적이고 관능적인 요부의 자세다. 정면을 바라보기 위해 올린 턱은 그녀를 다소곳한 대신 당돌하게 만들어서 가는 선의 몸과 흰 드레스의 순수한 이미지는 대립적인 구도에 놓인다. 그녀의 눈빛은 보는 사람이 마음 놓고 바라볼 수 없도록 시선을 막아낸다. 그녀의 눈을 피해야만 그녀가 제대로 보인다.

이러한 방식은 오히려 남성 관람객을 끌어들인다. 그림을 똑바로 바라보지는 못하고 힐끔거려야 하지만 계속해서 그녀에게로 눈길이 가게끔 만드는 힘이 그녀에게 있다. 만약 열쇠 구멍이나 망원경을 통해서 그녀를 본다면 그녀는 내가 쳐다본다는 사실을 알아차리지 못할 것이다. 관음증은 이렇게 생성된다. 관음자觀淫者는 모든 것을 관할하는 신의 눈을 가진 것 같지만, 갑자기 문이 열리거나 그녀가 망원경을 알아차리고 나를 향할 때 나는 피하고 말 것이다. 받아내지 못할 그녀의 강렬한 눈길은 어쩌면 그녀가 죽음과 맞닿아 있기에 거침이 없는 듯하다. 그녀는 곧

존 윌리엄 워터하우스, 〈오필리어〉(1889)

오필리어, 소녀에서 에로틱한 여인이 되다

오필리어는 빅토리아 시대의 정신과 도덕적 메시지를 전달하는 동시에 위선적인 관능미를 보여주었던 라파엘전파의 대표적인 소재였다. 이로써 소녀 이미지의 오필리어는 에로틱한 팜므 파탈의 여인으로 변모한다.

죽을 것이다. 그림 액자 밖의 제목은 이미 그 사실을 알려
주고 있다.

그림은 빅토리아 시대의 라파엘전파Pre-Raphaelite
화가 워터하우스John William Waterhouse의 〈오필리어
Ophelia〉(1889)다. 오필리어의 자세는 얼핏 보기에 죽음과
상관없어 보이지만, 죽어야 하는 필연성에 부합되는 자세
이다. 그녀는 '죽어야 사는 여자'다. 죽음을 통해 모든 죄
에 대한 자기고백을 하고 용서를 구할 수가 있다. 이로써
살아 있을 때의 삶이 진실이었다는 것을 입증받는 '죽어야
살 수 있다'는 명제가 성립된다. 그러니 죽음은 주요한 의
미를 함축한다.

오필리어는 사랑하는 햄릿에게 버림받고, 그런 그
가 아버지를 살해했다는 사실을 견디지 못해 미쳐 버린
후 강물에 빠져 죽는 비극적 인물이다. 셰익스피어William
Shakespeare의 《햄릿》(1599~1601)조차도 이와 같이 죽음
을 다뤘다. 햄릿이 대면한 죽음은 "죽느냐, 사느냐, 그것이
문제로다"의 존재론적 갈등이었지만, 그는 자기 손을 거치
지 않음으로써 자살의 부정적 평판을 피할 수 있었다. 이
로써 부친인 선왕을 죽이고 왕위에 오른 클로디어스에게
복수를 하고 나라를 재건하는 영웅적 분위기 속에서 죽음
을 맞이한다. 반면에 햄릿의 연인이었던 오필리어는 자살
이라는 공공연한 비밀에 묻히고 미쳐 익사한 것으로 둔갑

하면서 동정과 비난을 동시에 받아야 했다. 셰익스피어의 텍스트에는 그녀의 죽음이 명확하게 나타나 있지 않기 때문에 자살인지 사고사인지 수수께끼이다. 후대의 연구자들 또한 이 석연치 않은 죽음에 대해 자살이다, 아니다 의견이 분분했다.

19세기 빅토리아 시대의 라파엘전파에 의해 주목받으면서 다시금 회화 속에 나타난 오필리어는 비극의 면모 속에서가 아니라 가냘프고 수동적인 육체에 섹슈얼한 관능미를 띤 인물로 부각된다. 시각적인 즐거움을 충족시키게 된 것이다. 빅토리아 시대에는 죽음에 대한 관심이 커지면서 문학 작품과 회화에 육체와 연관된 죽음이 자주 등장했다. 오필리어는 젊고, 아름다우며, 연약하지만, 성적性的인 것에 대해서는 다 알고 있는 것처럼 노골적인 언어를 사용했다. 이것이 그녀를 광기와 죽음, 순결함과 섹슈얼리티라는 복합적인 이미지로 거듭나게 만들었고, 바로 이런 이미지는 19세기의 시대정신인 '여성성'에 이용되기에 적합했다.

영국 회화 역사상 빅토리아 시대만큼 여성 이미지를 선호했던 시대도 없을 것이다. 라파엘전파는 이렇게 대중의 기호에 영합하면서 빅토리아 사람들을 사로잡았다. 그들은 또한 당대 부르주아의 가식적인 도덕성에도 영합했다. 당시 예술 후원자들이 귀족 계급에서 새로운 부르주아

계급으로 이동하였는데, 부르주아들은 대부분이 도덕을 중요시하는 청교도인들이었다. 그리고 "예술이 사회적 필연성을 대변해야 한다"고 주장했던 당대 예술 비평가였던 존 러스킨이 '도덕을 위한 예술'을 하도록 라파엘전파를 이끌었다.

19세기에는 빅토리아 여왕이 세운 가부장적 체제와 더불어 매춘과 성병이 증가하면서 성윤리가 위협받기 시작했다. 동시에 자신의 육체와 섹슈얼리티를 스스로 통제할 것을 주장하는 신여성들이 출현했다. 신여성들은 피임과 산아 제한을 주장했기 때문에 출산율 저하에 의한 인구 문제와 같은 국가적 손해를 불러올 위협적 존재로 여겨졌다. 이러한 불안한 분위기에서 남성들 중심의 위계질서를 지키는 방법은 상반되는 여성의 유형을 확보하는 것이었다. 순결하고 순종적이며 희생적인 여성과 주체적 성욕의 요부 이미지를 가진 여성을 양극에 놓고 각기 '바람직한' 여성과 '타락한' 여성이라 정한 다음, 가부장적 체제의 유지 장치로 활용했던 것이다. 요부 이미지를 가진 타락한 여성이 바로 죽음으로 죄를 사할 수 있는 '죽어야 사는 여자'였다.

오필리어는 아버지 폴로니우스와 오빠 레어티즈에게 언제나 복종하는 순종적인 인물이었다. 그러나 미친 이후로는 "기회가 되면 남자들은 그 짓을 하지요"나 "당신이 나를 넘어뜨리기 전에는 나와 결혼하겠다고 약속했었죠"
와 같이 남자란 여자의 순결에나 관심이 있고 순결을 잃은
여자는 버림받는다는 여자로서는 삼가야 할 외설적인 말
을 거침없이 내뱉는다. 이렇게 양극의 이미지를 동시에 가
지고 있다는 점에서 오필리어는 '문제 있는 여성의 원형'
으로 활용됐다. 즉 여성들이 신여성 운동에 영향을 받으면
어떻게 될지에 대한 경고성 메시지에 오필리어의 이미지
가 사용된 것이다. 특히 자살은 자신의 연약함을 인정하고
사악한 행실을 고백하는 행위로 비쳐졌기 때문에 익사인
지 자살인지 의심스러운 오필리어의 죽음은 그렇게 빅토
리아 시대의 규범에 맞게 자살로 확정되었다.

　　워터하우스의 그림에 자주 등장하는 여성, 물, 죽음
의 연결은 그의 1894년 작 〈오필리어〉에서도 어김없이 등
장한다. 이것은 그가 1889년 이후 5년 만에 다시 재현한 오
필리어다. 오필리어는 소매와 허리, 그리고 치맛단이 화려
한 금색 장식으로 치장된 드레스를 입고 소녀 같은 몸을
하고 있어서, 귀 옆에 꽂은 양귀비꽃만 죽음을 암시할 뿐
정작 그녀의 광기나 고뇌, 슬픔은 전달되지 않는다. 셰익
스피어의 텍스트 원본에서도 오필리어의 익사 장면은 광
기나 고뇌, 슬픔을 전달하지 않는다. 오필리어가 죽는 순
간은 유일하게 목격한 햄릿의 어머니 거트루드 왕비에 의
해 전달된다.

거트루드의 묘사는 에크프라시스ekphrasis* 기법에 의해 오필리어를 그림처럼 보여주지만 오필리어의 심경은 전혀 전달되지 않는다.

버드나무 한 그루가 개울가에 비스듬히 자라
거울 같은 수면에 은색 잎을 비추는 곳이었지.
오필리어는 버드나무 잎과
미나리아재비, 쐐기풀, 데이지,
그리고 자유분방한 목동들은 상스러운 이름으로 부르나
정숙한 처녀들은 죽은 사람의 손가락이라고 부르는
자난초를 가지고 기이한 화환을 만들었어.
그곳 늘어진 가지에 화관을 걸려고 올라갔다가
심술궂은 가지가 부러지는 바람에
화관과 함께 자신도
흐느껴 우는 개울에 떨어지고 말았지.

* 에크프라시스는 원래 사물에 대한 명확한 설명이나 해설이었다가 문학에서 인물재현을 확장하기 위해 사용되면서 마치 그림처럼 효과를 내게 되었다. 그림 같은 묘사 덕분에 사실만을 전달할 것 같지만, 거트루드의 심경이 개입되면서 오필리어 자체로부터는 오히려 더 멀어졌다. 그림 같은 묘사에도 불구하고 그녀가 빼거나 추가하고 싶은 서술 방식에 의해 오필리어는 비극적이 아닌 감상적인 인물로 바뀐 것이다.

워터하우스, 〈오필리어〉(1894)

양귀비꽃만 죽음을 암시할 뿐

여성의 죽음은 물과 꽃말의 상징으로만 연결될 뿐, 아름답고 화려해야 했다.

펼쳐진 옷들이 인어처럼 받쳐주는 동안

자신의 슬픔을 모르는 듯,

물속에서 태어나 그 속에서 자라난 듯,

그녀는 옛 노랫가락을 불렀어.

그러나 오래가지 않아 물먹은 옷이

그 불쌍한 아이를 끌어들여

달콤한 노래를 멈추게 하고

진흙에 박혀 죽게 하였지.

거트루드의 묘사는 빅토리아 시대 라파엘전파가 그림으로 옮기기에 손색없는 묘사임에 틀림이 없다. 사랑에 상처받고 아버지를 잃고 미쳐버린 오필리어가 꽃을 꺾거나 머리에 꽃을 꽂고 물가를 헤매거나 물속에서 죽음을 맞이하는 장면은 라파엘전파 화가들의 영감을 자극하는 주제였던 것이다. 거트루드의 설명에는 오필리어의 죽음이 가련하게 묘사되는 것 같지만, 그보다는 꽃말과 더불어 섹슈얼리티가 극화되는 것을 알 수 있다. 꽃과 물, 그리고 드레스는 전형적인 여성의 이미지다. 그리고 자난초는 "자유분방한 목동들은 상스러운 이름으로 부른다"는 거트루드의 불필요한 추가 설명에 나왔듯이 남성의 성기를 상징한다.

워터하우스의 1894년 작 〈오필리어〉에서 귀 옆에 꽂은 빨간 양귀비는 거트루드의 대사에는 나타나 있지 않다.

그러나 또 한 명의 대표적인 라파엘전파 화가 밀레이John Everett Millais가 그린 〈오필리어〉에는 꽃말에 대한 빅토리아 시대의 흥미를 보여주듯 양귀비와 자난초, 그리고 '생각해 달라'는 뜻의 삼색제비꽃이 같이 등장한다. 이리하여 거트루드의 묘사에 더욱 상징적인 소품들이 추가적으로 사용되면서 오필리어의 죽음이 각색되었다. 밀레이의 〈오필리어〉는 밀레이 자신의 집 욕조에 엘리자베스 시달이라는 당대 모델에게 포즈를 잡게 하여 오필리어의 익사 장면을 재현한 것으로 유명하다.

워터하우스처럼 보통은 죽기 직전의 오필리어의 모습을 그리는 화가들이 많았다. 반면 밀레이는 죽어가는 오필리어를 그렸다. 시달의 벌린 입은 셰익스피어 텍스트의 옛 노랫가락을 부르는 오필리어의 모습을 재현한 것이지만, 시달의 얼굴이 고결함이나 순수와 같은 인습적인 미를 가지고 있지 않았기 때문에 벌린 입은 오히려 에로틱하게 보일 수 있다. 시달의 이런 특징적 얼굴은 라파엘전파가 갈망하는 얼굴이기도 했다. 이로써 셰익스피어의 묘사는 오필리어를 인어로, 즉 환상적이고 비정상적인 존재로 변형시키면서 빅토리아인들의 상상력 속에서 오필리어가 퇴폐적인 위치를 차지하게 되었다.

밀레이의 그림에서 죽음의 불쾌함은 제거되고 풍경이 강조되어서 파토스와 순수, 그리고 미가 두드러진다.

밀레이의 이러한 묘사는 "아름다운 여성의 죽음이야말로 의심할 여지없이 이 세상에서 가장 시적인 주제"라고 한 포Edgar Allan Poe의 말을 그대로 뒷받침해준다.

오필리어가 빅토리아 시대에 적용된 이미지처럼 죽음의 해석에는 개인의 사적인 이유보다 시대정신과 사회·정치적인 메시지가 등장하는 경우가 많았다. 동시에 위선적인 의도도 반드시 숨겨져 있었다. 라파엘전파의 또 다른 화가 휴즈Arthur Hughes의 그림에서 오필리어는 등을 돌린 채 얼굴만 정면을 향해 있다. 누운 자세에서 턱을 올리거나, 뒷모습 상태에서 돌리는 구도는 여성의 다른 모든 수동성을 거역하려는 무의식을 드러낸다.

워터하우스의 〈클레오파트라〉(1887)에도 드러나는 아름다운 여성의 도도한 눈빛과 단호한 턱선은 도발을 나타내며 바로 '팜므 파탈'의 이미지를 보여주려는 위선적인 라파엘전파의 의도를 숨기고 있다. '치명적인 여자'라는 뜻의 팜므 파탈은 관능적인 몸매로 남자를 유혹하여 파멸에 이르게 한다는 의미를 담고 있다. 라파엘전파가 시대적 정신과 종교적 알레고리를 테마로 사용하면서 여성이 가져야 할 자세에 대한 도덕적 메시지를 전달하려 했던 것과 마찬가지로 남성 관람객의 눈을 만족시키려는 의도가 함께 내재했던 것이다.

빅토리아 시대 대중적인 시인 후드Thomas Hood의

존 에버렛 밀레이, 〈오필리어〉(1852)

죽어야 사는 여자, 오필리어

다른 화가들이 죽기 직전의 오필리어를 그린 것과 달리, 밀레이는 죽어가는 오필리어의 모습을 실질적인 개울의 정황 속에 충실하게 재현하였다. 오필리어는 상상 속의 신부 차림으로 아직 죽지 않은 채 명랑하게 노래를 부르면서 물 위에 떠 있다. 그러나 이 비극적인 순간에도 노래를 부르기 위해 입을 벌린 모습은 에로틱하다. 이러한 오필리어의 모습은 필연적으로 죽어야 하는 문제 있는 여성의 원형으로 빅토리아의 시대정신에 이용되었다.

아서 휴즈, 〈오필리어〉(1863~1864)

저는 당신이 무슨 생각을 하고 있는지 다 알고 있어요

드레스의 부드러운 선은 여성스러움을, 백색은 순수함을 드러내고 있지만, 뒷모습인 상태에서 얼굴을 돌려 정면을 향하고 있는 모습은 오필리어를 도발적이고 당돌해보이게 만든다. 그녀는 마치 자신을 바라보는 관람객의 마음을 꿰뚫어 보는 듯하다. 그 눈빛은 보는 사람을 집어삼킬 듯 치명적이면서도 유혹적이다. 그러나 그녀는 죽을 것이다. 손에 들고 있는 양귀비가 그녀의 죽음을 예시하고 있다. 이렇듯 손에 쥔 양귀비는 그녀를 죽음으로 향하게 하지만, 그녀의 눈과 턱은 삶을 향해 있다. 이 대비되는 모습은 여성의 광기와 섹슈얼리티가 죽음으로 귀결되어야 한다는 교묘한 법칙을 성립시킨다.

시 〈탄식의 다리〉(1844)는 임신한 사실 때문에 집에서 쫓겨난 후 워털루 다리에서 자살을 시도한 한 여인의 아름다움, 죄, 경멸을 그린 시이다. 가난 때문에 갓난아기를 물에 빠뜨려 죽이고 자신도 죽으려 했지만, 정작 자신은 죽는 데 성공하지 못하고 아기만 죽인 죄를 저지른 것이다. 이 가련한 소녀가 물속에 몸을 던진 모습은 마치 오필리어의 오빠 레어티즈의 말을 풍자한 듯 "가는 몸에 젊고 너무나 창백하구나!So slenderly, Young, and so fair"로 표현된다. 후드는 여인의 아름다움과 죽음을 결합시켜 젊은 여인의 죽음은 "그녀를 오로지 아름다운 상태로만 남긴다"고 쓰고 있다. 이렇듯 익사로 인한 여성의 죽음은 폭력적이고 고통스러운 남성의 익사와는 사뭇 다르게 묘사됐다.

경멸하듯이 그녀를 다루지 마세요.
그녀에 대해 애절하고 다정하게,
그리고 인간적으로 여겨주세요.
그녀에게는 아직 순수한 여성스러움이 남아 있어요.
그녀의 무모하고 불충했던 반란에 대해 자세히 조사하지 마세요.
모든 치욕은 지나갔고
죽음은 그녀를 오로지 아름다운 상태로만 남겨놓았어요.

밀레이, 〈탄식의 다리〉(1858)

웹사이트 검색창에 '오필리어'의 단어만 쳐도 밀레이를 포함한 라파엘전파의 그림부터 수천 가지 관련 이미지가 나온다. 그녀는 여행 상품이나 달력 같은 사물들에만 오용되는 것이 아니라 훨씬 더 위험하고 난잡한 모습으로 패러디되어 나타난다. 이렇게 하여 수동적이고 순수한 소녀 이미지의 오필리어는 가련한 죽음을 맞은 비극적인 여인에서 문제 있는 여성의 전형적인 이미지로 완전히 탈바꿈하게 된다.

망가뜨린 죽음

죽음의 주제는 악행이나 부도덕에 대한 대가의 이미지로서 이렇게 특정 시대의 사회·정치적인 맥락에서 해석되었다. 현대에 가까워올수록 영웅적 죽음은 문학과 예술에서도 점차 사라졌고 개인의 사적인 선택에 따른 죽음이 나타났다. 충동적 또는 의도된 개인의 자살은 문학 속 인과관계의 합리성을 위해서도 사용됐다. 19세기 후반부터 널리 퍼진 신여성의 물결에 영향 받아, 여성들이 성적 주체로서의 자신의 위치를 주장하다가 시대적인 압력에 의해 좌절될 때 죽음은 스스로가 선택할 수 있는 유일한 자유이자 가능성으로 해석되었다. 보부아르Simone de Beauvoir의 지적처럼 저항의 목적을 달성하기 위해 여성에게 열려진 방법은 자살이었다. 쇼팬Kate Chopin의 《각성The Awakening》(1899)*에서 에드나의 죽음은 오필리어의 경우처럼 익사인지 자살인지 독자의 상상을 가능하도록 유도하는 미학적 장치였다. 그런데도 자살을 선동하듯 익사의 가능성은 무시되고 자살만이 유력한 해석으로 남았다.

불쾌하고 따끔거리는 속옷을 벗어버렸다. 그리고 생애 처음으로 열린 대기 속 태양 아래, 자신을 가볍게 때리는 미풍을 느끼며 매혹하는 파도를 마주하고 알몸으로 섰다. 하늘 아래 이처럼 알몸으로 서 있다는 것이 얼마나 기이하고 끔찍한 일처럼 여겨졌던가! 그러나 실은 얼마나 기분 좋은 일인가! 에드나는 새로 태어난 생명체가 전에는 결코 알지 못했던 우호적인 세상에서 처음으로 눈을 뜨는 것과 같은 기분에 빠졌다. 작은 파도가 거품을 내면서 그녀의 하얀 두 발을 향해 감겨 올라왔고, 발목에서 뱀과도 같이 똬리를 틀고 있었다. 그녀는 걸어 나갔다. 바닷물은 서늘했지만 그래도 계속 걸었다.

* 쇼팬의 이 책은 국내에서 《이브가 깨어날 때》(2002)와 《내 영혼이 깨어나는 순간》(2012)의 제목으로 번역 출간되었다가 2019년 《각성》으로 번역 출간되었다. 본문에 사용한 인용구는 국역본을 따르지 않고, 원서를 번역해서 썼다. Kate Shopin, 《The Awakening And Selected Short Fiction》, NY: Barns & Noble Classics, 2003.

물은 깊었으나 하얀 육체를 들어 올리고는 천천히, 길게 손발을 놀리며 바다 속으로 헤엄쳐 나갔다. 바다의 손길은 관능적이고, 그 부드럽고 친밀한 포옹으로 몸을 감싸 안았다.

《각성》의 이 묘사에서 옷을 벗고 알몸이 됨으로써 에드나는 세상으로부터 자유와 해방을 얻는다. 그녀는 마치 여성의 전형적인 상징인 물속에서 합일을 이루며 '매혹하는 파도'와 매끈하게 발목에 감기는 물의 감촉, 그리고 마침내 그녀의 '하얀 육체'를 포옹하는 바다로 인해 성적 쾌락에 이른 것만 같다. 죽음에 이르기까지의 묘사는 비장하지 않고 오히려 미적이고 섹슈얼하다. 알몸을 때리는 미풍도, 하얀 두 발에 감기는 파도의 거품도, 바다의 포옹도 비관적이거나 비극적인 죽음과 전혀 상관없어 보인다. 에드나가 죽음에 매혹당하면서 죽음을 친화적으로 받아들이는 이 장면은 그렇기 때문에 익사인지, 자살인지 더욱 불가사의하다. 그러나 갑자기 몰려드는 불분명하고 다의적인 내적 충동으로 해석되어 익사가 아닌 자살로 비친다는 주장을 가능하게 만들기도 했다. 인간이 살 권리와 죽을 권리를 동시에 가지고 있고 자살의 가능성이야말로 인간 자유의 표현이라는 세네카의 주장을 고려한다면, 살 권리에서 본질을 찾을 수 없었던 에드나가 죽음을 택함으로써 자신이 바로 삶의 주인이라는 것을 증명해 보이는 것은 마땅한 일이다.

남편에게 그녀는 동등한 관계를 맺는 상대가 아니라 당시 여느 부부와 마찬가지로 그가 소유한 재산의 일부였다. 에드나는 6년 동안 남편이 원하는 대로 살아왔고, 완벽하게 기획한 그의 삶에서 빼놓을 수 없는 요소였다. 이렇게 해서 이들의 부부관계는 자립성과 구속성에 있어 여느 부부관계와 마찬가지로 균형을 이루지 못하였다. 그러나 정작 그 사실이 문제가 되지는 않았다. 열렬한 사랑으로 한 결혼은 아니었지만, 결혼 생활에서 그녀는 점차 남편을 좋아하게 되었으며 열정의 흔적이나 과장된 온정이 자신의 애정을 채색하고 있지 않았기에 그 애정이 파기될 위험이 없다는 것을 만족스럽게 채득했기 때문이다.

그러나 로버트를 만나 '진짜 사랑'을 경험하고 자신의 열정적인 본성을 깨닫는다. 그렇기 때문에 로버트를 만나기 이전으로 자신의 감정을 되돌릴 수는 없었다. 그녀에게는 일어날 수 없는 불가능한 일이 일어난 것이다. "그래서는 안 되는데 무엇 때문에 로버트를 사랑해요?"란 라이즈의 질문에 "그 사람의 머리카락이 갈색이고 관자놀이까지만 자라니까" 사랑하고, "어렸을 때 야구를 너무 열정적으로 하다가 새끼손가락이 구부러져서 손가락을 똑바로 펼 수가 없어서" 사랑한다고 대답한다. 그리고 그 사람이 돌아오면 "단지 살아 있다는 것이 기쁘고 행복하다고 느끼겠죠"라 말한다. 그녀의 삶의 태도는 새롭게 바뀌었고, 마침내 남편과 아이들을 버리고 로버트를 선택하려고 한다.

정신과 의사 만델레가 의문을 품었던 것처럼 당시의 '지적인 체하는, 가짜 지성인 여자들'로 칭해지는 신여성들은 일반 여성에게까지 영향을 미치고 있었다. 그러나 주체적인 성역할의 주장이라고 하는 피임이나 산아제한은 신여성운동의 발칙한 주장들로만 여겨지고 사회적으로 쉽게 점철되지 않았다. 그리고 그 분위기에 동요되었던 여성들은 좌절했다. 에드나가 자신의 삶과 사랑을 자신의 의지로 결정하고자 했음에도 불구하고, 아이들을 버리고 집을 나갔다는 이유 때문에 모성이 결여된 어머니로 지탄받아야 했던 것도 발칙한 신여성들에게 에드나가 나쁜 물이 들었다는 이유에서다. 그러나 그녀의 용기는 로버트를 앞서는 것이었다. 막상 수동적인 태도를 보이면서 로버트가 떠나버리자 그녀의 사랑은 좌절된다.

이로써 '내가 선택하는 곳에 나를 바치겠다'는 결심은 더 이상 선택할 것이 없는 현실의 한계상황에 부딪친다. 그러나 에드나는 '자신을 포기할 수 없다'는 생각에만 매달린다. 다시 예전으로 돌아갈 수는 없었다. 변덕스럽고 합리적이지 않은 성격 때문에 자아-발견의 길이 쉬울 리 없었지만, 자신이 깨달은 길을 고집스럽게 따르는 일 외에

할 수 있는 일이 없었다. 그 고집은 의무와 책임에 대한 문제가 아니라 이전의 삶을 반복해야 한다는 데 대한 저항이었다. 인간의 자유가 가장 극한적으로 드러난 것이 자살이며, 자살이야말로 죽음을 미루기보다 앞당김으로써 자신에게 부여된 자유를 선택하는 것일 수 있다. 그녀에게 자유의지가 있었다면 그것은 결혼 전의 시절로 돌아가는 것이었을 것이다. 인생의 모든 선택을 다시 할 수 있는 시기, 그때 그녀는 자신의 삶의 주인이 될 수 있을 것만 같다. '기계적'으로 바다를 향해 걸어가서 물속으로 헤엄쳐 가는 동안 에드나는 어린 시절에 그랬던 것처럼 아버지와 언니의 목소리, 그리고 자기 집의 늙은 개가 짖는 소리를 듣는다. 이렇게 에드나의 죽음에는 자신이 삶의 주인이라는 것을 주장하려는 비장함 대신에 시적인 미가 있다. 이러한 것을 '각성awakening'이라고 했다 해서 당시에는 '병적이고 도덕적으로 유해하며, 천박한 것'이라는 비평이 일색을 이루었다.

그러나 에드나의 죽음에 대한 평가는 1946년부터 바뀌기 시작한다. 에드나의 죽음을 '개인의 자유를 위한 승리'라고 주장하면서 개연성과 인과관계를 과장하여, '깨닫는 것'='죽어야 하는 것'이라는 이상한 논리가 만들어지는 데 이른다. 이러한 논리가 오히려 에드나의 죽음을 망가뜨리고 있다. 분명히 신여성의 운동이 유럽으로부터 미국까지 불어 닥쳤고, 시대적 감각이 개인에게 적지 않은 영향을 미치는 것은 분명한 사실이다. 그러나 만약 쇼팬이 그 고통스러운 물결에 스스로를 위치시키고자 했다면 소설 제목의 '각성'을 보다 합리적인 인과관계 속에 제시했어야 했다. 그렇지 않은데 문학의 기능이 뭉뚱그려 시대상만을 이유로 들이밀면 개인은 괴물로 둔갑한 시대상에 희생된 인물로 그려질 수 있다. 그렇게 되면 개인은 시대에 대한 책임이 전혀 없는 예외자가 될 뿐이다.

여성의 본성에 대한 사회 규범에서 반항과 저항의 존재론적 행위를 보여주기 위해 죽음을 진정한 탈출로 성취했다는 페미니스트적 주장들과 달리, 쇼팬은 죽음을 철저한 개연성 위에 구축하지 않았다. 에드나는 별 타당한 이유 없이 자신을 파괴하는 경솔한 인물에 더 가깝다. 그러나 소설의 미덕은 오히려 비개연성에 있다. 밀란 쿤데라의 지적처럼 현실을 주의 깊게, 집요하게 들여다볼수록 실제 현실과 모든 사람이 현실에 대해 품고 있는 생각은 맞아떨어지지 않는다는 것을 깨닫게 된다.

로버트가 떠나 버리자 로버트로 인해 그녀가 깨달았던 진정한 사랑은 현실의 무대로 등장하지 못한다. 사랑의 기적은 일어났지만 현실 속에서 사랑을 지속시킬 로버트가 사라졌다는 것은 야박한 현실의 아이러니다. 그녀는 비로소 '녹아 없어지리라'는 사랑의 진리, 즉 사랑이 영원하지 않다는 비지속성을 희미하게나마 느낄 수 있었다. 그러나 사랑이 없다면 '모든 것에서 광채와 의미가 사라지고, 마치 빛바랜 옷과도 같이 그녀의 삶 자체가 권태로워질' 것이었다. 결국 그렇게 맞아떨어지지 않는 현실의 비개연성이 에드나를 죽음에 이르게 한다. 자신이 체험했던 '탈-현실화'된 사랑의 기적을 고스란히 간직한 채로 말이다.

삶을 위한 타협

예술과 비평에서의 자살은 이토록 여성에 대해 극단적인 의미화나 정당화를 위해 사용되었다. 그리고 죽음에 대한 태도가 오랜 역사를 통한 세계관을 반영해주듯 실제 삶보다 문학과 예술 속에서 죽음은 거칠고 다양한 의미화 작용을 겪어야 했다. 다양한 의미화 작용과 여러 차례의 죽음에 대한 고찰 및 실험에도 불구하고 죽음에 대한 태도는 두 가지로 수렴되는 듯했다.

이탈리아의 화가 트라이니Francesco Traini의 〈죽음의 승리〉(1300년대)에는 살아 있는 사람들과 말이 죽은 사람들을 향하고 있다. 사람들이 죽은 사람과 마주치자 피하는 대신, 얼굴을 기울여 죽은 사람의 모습을 자세히 바라보거나 자기들끼리 이야기를 나눈다. 그들은 죽음에 대해 깊이 사고하고 고찰하는 태도를 보여주는 동시에 죽음이 삶의

죽음은 어떤 모습일까, 나의 미래가 바로 저 관 속에 있다

13세기 전설 〈3인의 생자와 3인의 사자〉를 삽화로 재현한 것이다. 이 전설에 따르면 공작과 백작, 그리고 왕자가 세 구의 시체들을 만난다. 이때 시체들은 "현재 당신들의 모습이 과거 우리의 모습이었고, 현재 우리의 모습은 미래 당신들의 모습이지요. 부와 명예와 권력도 당신이 죽을 때에는 아무 가치가 없습니다"라고 말한다. 트라이니의 그림에서 세 구의 시체는 각기 다른 부패의 과정을 보여주는데, 한 구는 아직 옷을 입은 모습이고, 다른 한

프란체스코 트라이니, 〈죽음의 승리〉 일부

구는 절반이 썩었고, 나머지 한 구는 해골의 모습이다. 독사가 시체 위를 기어가고 있다. 죽음의 악취를 알아챈 말들은 놀란 것 같지만 시체를 외면하는 대신 시체를 향해 넓은 콧구멍과 목을 내밀고 있다. 사냥개는 움찔하면서 으르렁거린다. 비단옷과 우아한 모자를 쓴 살아 있는 사람들은 겁에 질린 채 시체들을 바라보고 있다. 그러나 그들은 죽음을 외면하지 않고 정면에서 바라보며 살피고 있다.

한가운데 자리 잡고 있다는 것을 알려준다. 그것은 거부할 대상도 역겨워할 어떤 것으로도 보이지 않는다.

반면 15세기 말에 중세 독일의 한 장인이 그린 〈3인의 생자와 3인의 사자〉는 전설 속에서 마주친 세 사람과 "현재 당신들의 모습이 과거 우리의 모습이었고, 현재 우리의 모습은 미래 당신들의 모습이지요. 부와 명예와 권력도 당신이 죽을 때에는 아무 가치가 없습니다"라고 말을 거는 시체의 모습을 그대로 제현했다. 말들은 시체를 보고 놀라 발을 쳐들거나, 도망가기 위해 방향을 바꾸는 중이거나, 벌써 돌아선 모습이다. 말을 탄 살아 있는 사람들 또한 사자들을 바라보기는 하지만 놀라 눈을 동그랗게 뜨거나 입을 벌린 모습이다. 미처 방향을 바꾸지 못한 말을 탄 사람은 시체와 마주하고 있지만 몸을 움츠리면서 돌리고 있다. 다른 한 사람은 이미 얼굴을 돌려버렸다. 죽음은 이제 두렵고 무서운 대상일 뿐만 아니라 꺼림칙하고 역겨운 것이 되었다. 삶의 장소를 차지할 만한 가치가 없어진 것이다. 바로 이와 같은 죽음에 대한 태도가 현재에까지 이어지고 있다.

죽음에 대한 사고의 변화는 권력의 존재 이유와 권력 행사의 논리에 의한 죽음의 가치 변화 때문에도 나타났다. 푸코Michel Foucault에 따르면 군주는 생명에 대해 직접적 권력을 행사할 수 있다.* 즉 죽일 권리를 작용하게 하거나 죽일 권리를 보유함으로써 생명에 대한 권리를 행사했다. 그가 요구할 수 있는 죽음에 의해서만 생명에 대한 권력을 나타낸 '생사여탈권'으로 표명되는 권력은 '죽게 하든가' '살게 내버려 두는' 권리에서 '살게 하거나' '죽음 속으로 몰아내는' 권리로 의미를 바꿔갔다. 단어를 주목해보면, 죽게 '하든가'와 살게 '내버려 두는'의 차이가 있다. 이때의 죽음의 가치는 삶보다 큰 것이었다. 그러다가 권력절차가 죽음에 등을 돌리면서 처형조차 비공개적인 조용한 절차로 바뀌었다. 살게 '하거나'와 죽음 속으로 '몰아내는'의 어감은 죽음의 가치하락을 암시한다. 이를 가능하게 만든 것은 군주만이 행사할 수 있는 죽음의 권리가 자살에 의하여 죽음을 개인적이고 사적인 것으로 바꿔 놓은 이유에서이기도 했다.

그러나 죽음은 무엇보다도 불가사의한 것이었다. 철학자들이 인간의 모든 사색의 출발점에 죽음을 놓은 것도 바로 그런 죽음의 불가사의함 때문이었다. 프로이트 같은 정신분석학자는 "사랑하면서도 미워하는 사람의 죽음에 대한 상반된 감정의 갈등이 인간의 탐구심을 촉발시켰다"고 보았다. 사랑하는 사람의 죽음을 통해 죽음이 멀

---

*   미셸 푸코, 〈죽음에 대한 권리와 삶에 대한 권력〉, 《성의 역사1: 지식의 의지》, 이규현 옮김, 나남출판, 2010 참조.

너의 죽음은 있어도 나의 죽음은 없다

15세기 말에 독일의 마스터 오브 하우스북Mater of The Housebook이 그린 그림. 왼쪽에는 세 명의 살아 있는 왕이, 오른쪽에는 죽은 왕의 시체 세 구가

마스터 어 브 하우스북, 〈3인의 생자와 3인의 사자〉(1470~1500)

있다. 죽음이 불쾌와 혐오의 대상이 되면서 죽음이라는 단어 또한 금기어
가 되어갔다.

리 있는 것이 아니라 나의 죽음도 인정해야 한다는 사실이다. 그러나 죽음으로 인해 나의 존재가 완전히 사라진다는 상상을 하는 것은 싫을 뿐만 아니라 상상하기 매우 어려운 일이었다. 죽음으로 인하여 아무것도 아닌 상태가 돼버리는 것을 인정할 수 없었던 인간에게는 타협이 필요했다. 비록 육체는 죽을지라도, 죽은 뒤에도 삶이 이어진다는 '영혼의 발굴'이 그것이었다. 이리하여 종교가 탄생하였고, 인간의 운명은 종교적인 것으로 바뀌었다.

그런데 인간은 점점 우월감을 갖게 되었다. 스스로가 신성해졌고 동물과 같은 본능적 욕구를 수치스럽게 여기면서 마침내 숨기게 되었다. 분비물도, 배설도, 성적 욕구도, 질병도, 죽음도 억압되었다. 공개적인 처형의 긴 고통은 '내부'로 '조용히' 짧게 이루어졌다. 그 이후 많은 나라에서 사형이 폐지되었다. 이것은 인본주의적 동기에 의한 개혁이었지만, 궁극적으로는 개인을 사회적 통제의 가능성 너머로 밀어냄으로써 각자 개인의 것으로 떠넘기는 것을 의미했다. 죽음은 패러디되었고 갈기갈기 찢겨졌다. 문학에서, 예술에서, 영화에서 죽음은 미화되기도 했으며 두려운 것이 되기도 했다.

17세기 영국 시인 마블Andrew Marvell의 시는 죽음과 사랑을 대치시키고 있다.

(죽고 나면) 그대의 아름다움도 그땐 찾을 수 없고

대리석의 지하 납골당 속에서는 나의 메아리치는 노래도 울리지 않을 겁니다.

그때는 구더기들이 오랫동안 간직해온 처녀성을 맛볼 것이고

그대의 고상한 정조는 흙으로 변하고 말 것입니다.

나의 이 욕망은 재로 변하겠지요.

무덤은 멋지고 은밀한 장소이지만

그곳에서는 아무도 그대를 포옹할 수 없을 겁니다.

1681년에 출간된 〈수줍은 연인에게To his coy Mis‐tress〉의 일부이다. 이 시는 강렬한 삶에 대한 열정을 죽음 후의 무기력함에 대조시킨다. 이 격렬한 삶에 대한 애정은 바로 에로티즘이며 성적 유혹으로 대체되어 있다. 그러나 사랑하는 여인의 관심을 끌기 위해 죽고 나면 구더기들이 "고이 간직해 온 처녀성"을 앗아갈 것이고 무덤 속에서 그녀의 "고상한 정조는 흙으로 변할 것"이라는 마블의 경고는 문명화 과정의 죽음에 대한 '꺼림'의 수준을 알 수 있게 해준다. 그런데 죽음이 모든 것의 무화라는 생각은 삶을 더욱 유한한 것으로, 그리고 쾌락을 위한 것으로 만들었다. 감각적이고 쾌락적인 사랑이 전제하는 삶은 구더기가 게걸스럽게 먹어댈 썩은 살에 지나지 않을 죽음에 대한

절대적인 반항이었다. 이러한 반항은 죽음을 희열로 등치시키는 데 이른다. 공포심을 감당할 수 없는 순간의 고통은 실신에 가까운 희열로 해석된다. 마치 번지점프에 대한 극한 공포심과 위험의 대가로 얻는 쾌락이나 성적 오르가즘에서 느껴지는 강렬함이 바로 죽음이라는 것이다. 그러하기에 죽음과 희열은 가까이에 있었다.

그러나 에로티즘에 대한 인식보다 훨씬 전에 인간은 죽음에 대해 전율적 인식을 하고 있었다. 바타유는 《에로스의 눈물》(1961)에서 인간은 언젠가 자신에게 닥칠 죽음의 존재를 알고 있었다고 쓰고 있다. 죽음에 대한 고뇌에 찬 인식은 가장 오래된 무덤들에 나타났다. 전기 구석기 시대의 인간에게 죽음은 이미 너무도 무거운 의미의 것이었고, 따라서 오늘날처럼 가족의 시체에 무덤을 만들어주었다. 그런데 전기 구석기 시대에 나타난 죽음의 인식에 이어 후기 구석기 시대에 나타난 에로티즘의 인식은 죽음과 희열이라는 상반된 명제를 깊은 연관성 속에 올려놓는다. 죽음과 희열의 결합은 삶을 위한 타협이었다.

삶은 죽음에 위협받으면서, 그리고 비교되면서 초라해지는 것이 아니라 가치를 드높였다. 육체의 부패와 죽음의 냄새는 삶에 대한 몸서리치는 열정의 대가여야만 했다. 죽음이 반드시 뒤따라야 그 삶은 아름다웠다. 그렇기 때문에 영원히 사는 신은 권태로웠다. 신은 인간을 가지고 장난을 쳐야 했고 모든 대가를 죽음으로 치르게 했다. 자살은 대부분 죄악시되었지만, 낭만주의 시대 젊은 시인*의 짧은 삶과 18세기 후반 젊은 세대의 모방 자살을 유행시킨 괴테Johann Wolfgang von Goethe의 《젊은 베르테르의 슬픔》(1774) 덕분에 미화되거나 칭송되기까지 하였다. 죽음은 배척된 것이 아니라 죽음을 거부하는 삶을 더욱 선명하게 드러냈다.

성스럽게도 여겨 보고, 쓰레기통에 던져 넣으며 보잘 것없는 것으로 취급해봐도 죽음은 변함없이 삶의 옆에 있었다. 그런 죽음은 변한 게 없지만 인간의 마음이 죽음을 이리저리 던져놓는 과정에서 삶의 기술은 더욱 발전되었다. 사람들이 종교적 내세관에 매달릴 때도 삶은 무시되지 않았다. 내세를 위한 것이었지만 현재 삶의 의무가 강조되었다. 나는 죽지만 생식을 통한 자손으로 불멸성을 이어갈 수 있다는 믿음도 양생養生에 의한 삶의 기술을 발달시켰다. 전신거울과 사진술, 체중계와 같은 내 몸을 직접적으로 바라보게 하는 도구들도 현재의 단절된 조각이기는 해도 젊고 아름다운 삶에의 격렬한 욕구를 불러일으켰다. 점차 나의 몸에, 건강에, 젊음에, 미용에 모든 에너지가 집중

---

*　17세의 나이로 굶주림에 지쳐 자살한 영국의 시인 토머스 채터튼 Thomas Chatterton(1752~1770).

된다. 그러나 삶이 너무 강조되면서 몸은 소비사회의 사고 파는 상품으로 둔갑하였다. 더 아름다워야 하고, 더 젊어야 하며, 더 날씬해야 하는 지상과제를 위해 미래에 저당 잡혀 놓은 죽음은 까맣게 잊혔다.

②

죽음 의식

버림과 비움의 시간

까맣게 잊고 싶을 만큼 죽음이 불결하고 불쾌한 것으로 여겨지는 오늘날과 달리, 과거에 죽음은 꺼림칙한 것만은 아니었다. 무섭거나 진지하지 않은 것은 아니었더라도 반드시 슬프거나 애통한 일도 아니었다. 자연의 법칙 속에 출생과 죽음이 나란히 있었기 때문이다. 아이들은 물에 빠져 죽은 사람을 모래에 묻고 또 파헤치면서 장난을 쳤다. 이것은 사체은닉죄 같은 법적 문제가 아니라 얼른 수습해야 할 마을 사람들의 업무였다. 물에 빠져 죽은 사람의 신원을 확인하는 것, 마침내 연고가 없다는 사실에 가슴 아파하는 것, 마을 전체가 죽은 사람의 친척이 되어주는 것, 그리고 그를 위해 화려한 장례식을 치러주는 것이 살아 있는 사람들이 할 일이었다.

마르케스Gabriel García Márquez의 이 옛날이야기(《물에 빠져 죽은 세상에서 가장 멋진 남자》)처럼, 옛날에는 죽음에 대해 입을 다물거나 슬픔을 숨기려 하지도 않았고 몰아내려고 하지도 않았다. 죽음을 오히려 돌보았다. 시체가 명예를 지킬 수 있도록 돛 조각으로 바지를 만들고 웨딩드레스의 흰 무명천으로 셔츠를 만들어주는 것, 그리고 제단을 위한 음식을 마련하는 일까지 모두 살아 있는 사람들의 일이었다.

죽음이 돌보아졌다고 해서 노인과 죽어가는 사람들

에게 친절과 호의만이 있었다거나 죽음이 평화로웠던 것은 아니다. 삶과 나란히 존재한 죽음 속에서 젊은 사람들은 죽음에 가까운 노인들을 몹시 구박했다. 14세기에는 전염병이 유럽 전 도시를 휩쓸면서 죽음에 대해 극도의 두려움이 생겨났다. 이러한 태도에도 불구하고 당시의 죽음은 젊은이들에게나 죽어가는 이들에게 지금보다 훨씬 덜 은폐되었고 훨씬 더 친숙했던 것으로 전해진다. 죽어가는 사람에게 가끔이지만 위안이 되고 도움이 되었던 것은 다른 사람들이 곁에 있었기 때문이다. 죽음과 관련된 모든 사항들이 동네 사람들까지 포함될 정도로 공개적으로 발생했기 때문에 집 전체가 흔들리고 온 동네는 밤새 깨어 있었고 시끄럽게 소란을 피우며 귀신을 몰아내려고 했다.

애도는 죽음을 숨겨야 할 것이 아닌, 현실로 받아들이는 자세로부터 출발한다. 동네의 행사처럼 조문객들에게 음식을 대접하고, 친인척과 이웃의 고인에 대한 회상이 이어졌다. 죽은 사람들이 살아 있는 사람의 입을 통해 부활하면서 회상은 과거에만 머물지 않는다. 원망도 사랑이 된다. 장례식에 참여했다는 사실만으로 죽은 사람의 모든 죄가 용서되었다. 바타유의 말처럼, 누군가 죽었다는 것은 개체의 상실, 즉 사물의 상실이 아니다. 현실이 잃어버린 것은 한 개체가 아니라 그 개체의 가치다. 그가 부재한다는 사실은 바로 나의 삶을 드러내준다.

이것이 살아 있는 사람의 애도 방식이며 죽음의 사유와도 통하였다. 깊은 통곡과 슬픔으로 인한 울음도 죽음에 대한 적극적인 반응일 뿐이다. 슬픔을 억압하는 것이 죽음을 진지하게 받아들이는 것이라고 생각해서는 안 된다. 살아 있는 사람과 죽은 사람의 처음이자 마지막의 소통 같은 것이다. 그리고 살아 있는 사람들이 공유하는 죽은 사람에 대한 모든 회고가 친분과 관계라는 삶의 기쁨을 유도한다. 사람들은 결혼식장이나 돌잔치 같은 삶의 기념식에서보다 장례식 같은 죽음의 기념식에서 더욱 화합한다. 죽음이 가지고 있는 안타까움과 두려움의 속성을 혼자 감당하기가 어렵기 때문이다. 그것은 죽음의 공격만큼이나 고통스러울 여러 감정으로 인한 무방비한 상태에 방치되는 것이다. 결국 시끌벅적한 가운데 살아 있는 사람들이 서로를 위로하면서 통합하게 만드는 것이 장례식이다.

그런데 병원이 장례식을 전담하게 되면서 오늘날의 병원 장례식장은 대성통곡이 불가능할 정도로 협소해졌다. 칸칸이 나눠진 협소한 공간이 초상집을 대신하면서 공동 장례식장을 찾아오는 조문객들은 복도나 병원 밖에서 서성여야 한다. 누가 어느 집 조문객인지 알아보기는 쉽지 않다. 그곳에서 우는 일은 더욱 불가능하다. 울음은 마치 삼켜져야 하는 것처럼 여겨져서 혹시라도 우는 사람이 있으면 데리고 나가야 한다. 울음은 흉하고 창피한 것이 되었다. 죽음에도 품위의 꽃이 피어난 것이다.

김훈의 소설 〈화장〉(2003)에는 2년의 암 투병으로 죽은 아내의 장례 절차가 얼마나 빠르게 절차대로 진행되는지 잘 나타나 있다. 아내의 죽음을 마주한 '나'는 아내의 장례 절차에서 달리 할 일이 없다. 장례용품, 상복, 식사와 음료수까지 모두 병원 영안실에 미리 준비되어 있었고, 영안실 직원이 진단서를 붙여 사망신고를 제출하고 화장장 순번까지 받아다준다. 운구용 차량 예약과 납골함 구입, 납골당 자리를 맡는 일까지 전화 몇 통으로 일사천리로 진행된다. 이처럼 장례식이 간소해진 것은 살아 있는 사람을 위한 것이다. 그러나 슬픔과 원망을 해소하지 못한 장례식은 결코 살아 있는 사람을 위한 것이 되지 못한다. 장례식을 통한 죽은 사람에 대한 '버림'과 '비움'의 시간은 충분히 필요하기 때문이다. 오랜 암 투병 끝에 아내가 죽자, 남편인 '나'가 정작 할 일은 아무것도 없다. 그는 프랑수아 라블레의 소설 제목이자 주인공인 가르강튀아가 죽은 아내를 위해 직접 묘비명을 쓰는 것과 달리* 유골함을 받아드는 일 외에는 아무런 할 일이 없는 것이다.

죽음을 불쾌하게 여기는 살아 있는 사람의 마음을 읽은 듯 죽음을 빠르게 처리하는 맞춤형 장례 회사 덕분이

---

* 가르강튀아의 자세한 이야기는 이 책의 3장을 참조.

다. 죽음을 뒤안길에 세워두는 방식은 의학 기술의 발달과 병원 및 요양 시설의 발명에 의해 가능해졌다. 죽음은 종교가 아니라 의사의 권한으로 넘어가기에 이르렀고, 전염병 환자의 격리가 필요하게 됨에 따라 요양원이 생겨났다. 오늘날의 장례식에서 경리 직원의 전화를 받아 입원비와 치료비의 내역을 듣는 일과 돈을 지불하는 일 말고는 살아있는 사람이 할 일은 거의 없다. 당연히 가족이 할 일은 많지 않다. 병원과 상조 회사의 서비스 비용에 맞추어 일괄 '처리'할 문제일 뿐이다.

장례를 돕는 상조 회사는 옛날에는 없었던 신조어다. 홈쇼핑에 자주 등장하는 상조 회사의 광고는 죽음과 나란히 짝을 이루면서 의미작용을 한다. 죽음의 메타언어가 부여된 잘 다듬어진 상품의 신조어인 것이다. 광고 언어가 갖는 힘은 바로 하나의 논리를 갖고 사회적 물건이자 동시에 정신적인 물건이 된다. 마치 장마 기간의 습기 제거에 사용되었던 소모성 제습제가 영구성 제습기로 대체된 것처럼, 장의사는 상조 회사로 대체되었다. 이렇게 죽음과 관련된 기술 및 서비스의 발달은 나쁜 과거인 복잡한 절차의 장례식을 말소시키고 공해 물질을 발생시키지 않는 첨단 완전 소각 시설의 완비로 좋은 미래를 약속한다.

그들은 가족을 대신해서 신속하고 정확한 절차를 밟아주며, 이는 앞으로도 이어질 것이다. 여러 등급의 가격

별 장례 상품을 비용에 맞춰 고르고 신용카드만 내어주면 된다. 장례 의식이 끝나고 나면 더 간단한 절차만 남는다. 버튼 하나로 주검은 소각되고 유족들은 유골을 수령하면 된다. 예전에도 장의사는 있었지만 유족들이 할 일은 많았다. 결혼식과 마찬가지로 예전에는 집에서 음식을 하고 친인척들이 한 가지씩 일을 나눠 하도록 되어 있었다. 품앗이 개념이었다. 마치 잔치처럼 진행 순서가 있었다. 지금처럼 소비자의 욕구를 충족시켜주는 소비 사회에서는 모든 사람을 편하게, 그러나 동시에 무능하게 만든다. 병원의 장례식장은 조용하고 엄숙할 뿐만 아니라, 다녀갔다는 흔적만 부의 봉투와 방명록에 남기면 빨리 자리를 떠야 하는 장소로 전환되었다. 거들 일도 없으니 오래 머물 수도 없다.

죽은 사람의 '비움'만 세상에 알리는 기능을 하게 된 것이다. 물론 예전에도 장례식은 '비움'의 의식이었다. 그러나 느림의 문화와 어울리게 오랜 시간 진행되었고 동네 전체에 큰 사건인 동시에 행사였다. 지금의 장례의식을 통한 '비움'은 인간이 동물이 아니라는 것을, 그리고 사랑하는 사람의 죽음에 대한 살아 있는 사람의 죄책감을 보상하려는 심리에서 나온 것이었지만 속도의 기술에 힘입어 충분한 애도 시간을 할애할 수 없게 되었다.

소설 〈화장〉은 사전적으로 '시체를 불사르고 남은 뼈

를 모아 장사를 지낸다'는 의미의 화장火葬과 '화장품을 바르거나 문질러 얼굴을 곱게 꾸민다'는 의미의 화장化粧, 이 두 단어의 동음이의를 의도적으로 사용한다. 병에 걸린 아내의 투병에서부터 죽음, 장례 그리고 화장에 이르기까지의 주된 이야기 속에는 화장품 회사의 전무인 '나'의 주 업무인 화장품의 선전과 마케팅 전략에 관한 이야기가 아이러니하게 섞여 있다. 한쪽에는 죽음에 이르기까지 대책 없는 질병의 고통과 죽음의 그림자가 드리워 있고, 다른 한쪽에는 영원한 젊음과 아름다움을 추구하는 화장품이 현실적 삶의 업무를 차지한다.

빈소를 지키고 있던 남자에게 전화를 건 사장은 삶의 업무와 죽음의 업무가 공존하고 있음을 보여준다. 사장은 간략한 애도의 말에 이어 여름 화장품의 광고 전략 업무를 지시한다. 애도의 말은 짧고, 이마저 살아 있는 사람을 위한 것이다. 문상을 하고 문상객을 맞이하는 일이 바로 살아 있는 사람의 지속되어야 할 삶의 일부이기 때문이다. 거대한 조직 체계에 의해 가동되는 도시에서 죽음이 냉정하게 취급되는 반면, 죽은 사람을 완전히 비우는 의식이 끝나기도 전에 삶의 업무는 살아 있는 사람을 서둘러 데려가는 것이다.

뜻밖에 얻은 기쁨

바타유에 의하면 죽음에 의해 개체는 상실되고 그의 부재를 통해 비로소 그동안 내게 충분히 와닿지 않던 내밀한 삶의 비밀이 벗겨진다. 그 내밀한 삶의 비밀은 바로 죽음이다. 개체가 부재하게 되었다는 사실이 바로 죽음의 실체인 것이다. 그가 사라진 것은 그의 존재성에서는 고통이 따르는 것이지만 현실 세계에서는 문제가 될 게 없다. 그 한 사람의 죽음은 다른 사람의 삶으로 이어지고 지속된다. 개별의 죽음이 이어지는 것처럼 개별의 삶도 이어져 세상은 그대로 남고 변하는 게 없다. 삶 속에 내재해 있는 내밀한 죽음의 질서에 의해 죽음은 또 삶의 내밀한 질서가 되는 것이다.

그러나 기억을 남기고 삶의 사물들을 유산으로 남긴 죽은 사람은 그와 관계된 나에게 분명 삶에 대한 날카로운 의식을 일깨워준다. 존재에서 부재로 이어지는 이 순간은 지속되던 것의 사라짐, 즉 관계라는 것의 사라짐이다. 죽은 사람과의 관계 때문에 내게 부여되는 마지막 자격 같은 것이 나를 거침없이 울고 싶게, 그리고 울게 한다. 나는 울음으로 고양되고 의기양양해진다. 시간이 지날수록 울음은 나를 위한 것이 된다. 이것은 예기치 않은 기쁨이다. 나에게 허락된 울음의 카타르시스. 이 뜻밖에 얻은 기쁨이 가능한 곳이 장례식장이다.

죽은 사람과 관계된 모든 사람들이 모이는 장례식은 죽은 사람을 추억하고 애도하는 것은 물론이고 살아 있는 사람들이 이야기를 꽃피우는 곳이다. 평소에 만날 수 없는 친인척을 위한 음식이 마련되고 이때 잔치와 제사가 동시에 이루어진다. 이것이 가능한 장소는 품위 있는 삶을 잠시 잊는다. 죽은 사람을 둘러싼 이야기와 함께 뒤섞이는 비난과 기쁨, 그리고 슬픔이 한꺼번에 교차하는 장이다. 그 감정들이 교감하면서 사람들은 마음을 열고 죽은 사람을 온전히 비우게 된다. 이런 축제는 단지 몇 분, 몇 시간 동안 이뤄지지 않는다. 사람 내부의 세포가 죽기까지의 시간을 고려해서 장례가 삼일 동안 이뤄지게 되었지만, 그 시간은 살아 있는 사람들에게 짧지 않은 애도의 시간을 제공해준다. 영화화되기도 한 이청준의 소설 《축제》(1996)는 그런 의미에서 장례의 모든 절차를 보여주는 동시에, 이 모든 절차가 오랜만에 만난 살아 있는 사람들의 잔치임을 보여준다.

이 자리에 억제된 감정이란 없다. 모든 감정이 흘러나와 울기도 하고 웃기도 한다. 상대방에게 맺힌 감정을 털어놓으며 시비를 걸기도 하고 험담을 늘어놓기도 하고 멱살을 쥐기도 한다. 이때 상여꾼들은 집안 사람들의 불화를 모른 척 덮어 넘어가주려는 듯 "노다 가세. 노다 가세. 오늘 안 놀면 언제 노나……"와 같이 노랫가락을 흥얼거리며 난장판을 이룬다. 상여꾼들의 난장판은 삶 자체를 놀이로 만들어놓는다. 또한 죽음의 엄숙함을 축제로 만들어간다. 상여가 나갈 동안 소리를 맡은 새말과 놀이꾼들의 소리판은 난장판이 되어간다.

큰며느리 조심조심 작은며느리 두근두근 에헤 에헤 에헤야 살아나실까 조심조심 또 깨어나실까 두근두근 에헤 에헤 에헤 에헤야.

이 불편한 내용은 모든 사람들의 마음을 흔들고 세계 전체를 익살스럽게 만든다. 유쾌하며 동시에 조소적이고 비웃는 측면이 있으며, 부정과 긍정이 공존한다. 이를 통해 감정은 해소되고 외적인 생활 속의 규범과 금지들을 철폐하면서 불가능했던 말들이 폭로된다.

장례식을 주최하는 사람들은 친인척뿐만이 아니라 동네 사람들도 포함된다. 그들이 자신의 역할을 통해 장례를 완성해가는 과정은 죽음보다는 삶의 완성에 가깝다. 완성이라 함은 각자가 맡은 역할 분담에 의한 살아 있는 사람만이 아닌 죽은 사람에 대한 의무이고 책임이며 정서적 결합이다. 궁극적으로 개인들은 자신의 손을 움직이면서 각자 죽은 사람에 대한 기억을 더듬고 죽음의 사유를 할 수 있게 되는 것이다. 따라서 장례식은 죽음 의식의 참여를 통한 살아 있는 사람들의 융합이다.

차분하고 숙연한 제사에 이어 마침내 상여꾼들이 관을 들면 곡소리와 오열이 이어지기도 한다. 마침내 집밖으로 떠나는 어머니의 관을 붙들고 통곡하는 것은 단지 슬픔 때문만은 아니다. 그것은 어머니와 함께해온 세월을 이제는 같이 추억할 사람을 잃게 된 허전함인 동시에, 고생한 시집살이에 대한 설움과 치매 어머니의 수발로부터 벗어나게 된 자유로움이 뒤섞이면서 미친 듯이 울고 싶게 만드는 뜻밖에 얻은 기쁨의 표현인 것이다.

사립 밖 텃밭에 마련된 노제 마당에서 영구가 상여로 옮겨지면서 상여꾼과 사람들을 대접하기 위한 새 음식이 제공된다. 이것은 돌아가신 할머니가 생전의 이웃들에게 마지막 징표로 음식을 대접하고 떠나시는 작별의 자리로 해석된다. 상여 행렬은 구슬픈 상엿소리와 이웃들의 애틋한 배웅 속에 동네 길을 한 바퀴 주춤주춤 돌아나간다. 이렇게 해서 살아 있는 사람의 억제된 슬픔과 미움이 다 비워지는 동안 죽은 사람 역시 완전히 삶을 비우게 된다. 제대로 비워지지 않으면 살아 있는 사람의 감정은 분출되지 못하고 억제되어 무감각해질 뿐만 아니라 병리적 차원에서도 바람직하지 않다. 그러나 머뭇거리면서 진행되는 장례 절차는 슬픔을 잔치로 바꾸었다가, 감정을 털어내게 하는 치유의 과정을 열어놓는다. 이제 그러한 애도 방식은

영화 〈축제〉(1996) 중에서

장례, 살아 있는 사람들의 잔치

장례는 결국 산 사람들의 삶에서 죽은 사람의 자리를 온전히 비워낼 수 있
도록 산 사람들에게 마련된 유일한 의식이다.

대도시는 물론 소도시에서도 사라지고 있다.

한국의 전통 장례식은 유교의 효 개념에 의해 구축된 복잡한 의식 절차를 가지고 있다. 누가 부고를 작성하고 누가 상여를 들지에 관한 절차가 '맡기고' '맡는' 것의 문제로 바뀐다. 장례식은 죽은 사람이 아닌 죽은 사람에 대한 살아 있는 사람의 업무가 되는 것이다. 한편에서는 조문객 수가 적은 것을 걱정하며 음식이 남을까 봐 걱정을 하고, 다른 한편에서는 부의금을 가지고 화투판에 끼어드는 일도 생긴다. 불청객이 찾아와 장례식장을 시끄럽게 만들기도 하고, 술에 취해 험담을 하는 사람도 있다. 그리고 더 오래전의 장례식과 비교하면서 "장례는 송장 내다버리는 게 되었고, 제례는 살아 있는 사람들 술 퍼먹고 회식하는 자리가 되었다"고 책망하는 사람도 있다. 이렇게 장례식을 치르러 하나씩 모여든 친인척의 감정과 의견, 동네 사람들의 입담이 켜켜이 끼어든다. 어린 딸아이는 "죽은 사람을 땅에 묻는 것"이 장례라고 말하지만, 아빠의 대답처럼 "그건 장례식의 한 부분"이었다. 장례 절차는 속굉, 임종, 초혼, 사자상 등 여러 개의 이름이 붙은 '느림'의 창출이다.[*]

느릿한 장례식이 진행되는 사이에 동네 사람들은 뒤에 서서 생전의 할머니에 대한 며느리의 처사에 대해 소곤거린다. 돌아가신 할머니가 집에 불을 내자, 며느리가 할머니의 담배를 빼앗고 비녀 꽂은 머리를 짧게 자른 후 방에 가둬버렸다는 것이다. 그러나 소설은 이러한 소곤거림을 단지 며느리에 대한 책망을 강조하기 위한 서술로 사용하지 않는다. 노인의 입장에서는 쓸쓸한 일이고 인정 없는 처사였다 할지라도, 날카로운 현실 속에서 어머니를 봉양하면서 먹고살아야 하는 자식은 그렇게 하여 수차례씩 집을 나가 길을 잃어버리는 치매 어머니를 지켜내야 했다. 시어머니가 돌아가시고 상여가 집 밖으로 나가려 할 때 비로소 대성통곡을 하는 모습에서도 드러나듯이, 며느리는 긴 세월 척박한 현실을 시어머니 옆에서, 시어머니와 함께 겪고 견뎌냈다. 그 세월은 그동안 할머니를 한 번도 찾지 않은 다른 자식이나 집 바깥의 사람들이 쉽게 헤아릴 만한 성질의 것이 아니었다. 할머니와 할머니의 며느리 사이에는 공유한 세월만큼의 희로애락으로 얼룩진 삶의 궤적이 있었다.

할머니의 장례식이 온 마을의 축제가 될 수 있었던 것

---

*　　속굉屬肱은 속광이라고도 하고, 새 솜을 코와 입 사이의 인중에 놓아 그 움직임의 여부로 운명을 확인하는 일을 말한다. 초혼招魂은 사람이 죽으면 살아 있을 때 가까이 있던 사람이 죽은 사람이 평소에 입던 홑두루마기나 적삼의 옷깃을 왼손으로 잡고 오른손으로는 옷의 허리 부분을 잡고 마당에 나가 마루를 향하여 "복복복 모관모씨某貫某氏 속적삼 가져가시오" 하고 세 번 부르는 것을 말한다. 그다음에 지붕 꼭대기에 올려놓거나 죽은 사람의 머리맡에 두었다가 시체가 나간 다음 불에 태운다. 사자상使者床은 돌아간 이의 영혼을 저승으로 데려가는 저승사자를 위해 차리는 밥상차림을 말한다.

또한 친인척과 마을 사람들이 오랫동안 함께한 시간과 역사 때문이다. 영화 〈엘리자베스 타운Elizabethtown〉(2005)은 미국이라는 다른 사회·문화적 배경을 가지고 있지만, 소도시의 마을 공동체적인 특징 때문에 《축제》와 공통적인 애도 방식을 엿볼 수 있다. 친척을 방문했다가 심장마비로 사망한 아버지의 시신을 옮기기 위해 아버지의 고향에 처음 찾아간 드류는 아버지를 추억하는 모든 사람들을 만나면서 당황스러워한다. 자신이 근무하던 대도시의 냉정함, 정확성과는 대비되는 따뜻한 마을 사람들의 정서적인 기류가 그에게 깊숙이 전해 오는 것이었다.

아버지를 위해 마련된 추모식은 친인척들과 마을 사람들이 자신들의 시간을 오롯이 내주면서 가능했던 애도의 시간이다. 친인척은 물론 아버지를 기억하는 마을의 모든 사람들이 한 명씩 앞으로 나와 아버지를 추억하고 인사를 한다. 그리고 오랜 세월 감정이 좋지 않았던 시집 식구들 앞으로 엄마인 홀리가 나선다. 그녀는 남편을 만나게 된 처음 순간부터 이야기를 꺼낸 후 남편이 죽은 후 며칠 동안에 일어난 일에 대해 이야기한다. 남편이 죽은 후 며칠 동안 경험한 것은 세상이 남편의 죽음에 아무런 신경도 안 쓰더라는 것이었다. 남편의 죽음은 홀리와 가족에게 크나큰 사건이지만 흔하디흔한 죽음 중의 하나였을 뿐이다.

그러나 남편은 '우리'로 묶인 사람들과 정서적으로,

아니 그 이상의 애정으로 연결되어 있다. 홀리는 남편이 죽어 너무나 슬프다거나 상처가 크다고 말하는 대신, 남편이 없는 상황에서 혼자서 화장실을 고쳤으며, 탭댄스를 배웠고, 요리도 배우려 한다고 말한다. 그리고 "남편이 없으면 행복하면 안 되는가?"에 대해 스스로 의문을 표하고 코미디 학원에 등록했다고도 한다. 어느 날 갑자기 일어난 남편의 죽음이지만, 남편이 남긴 사랑을 기리며 남편이 가장 좋아하는 노래에 맞추어 그녀는 탭댄스를 추기 시작한다. 서툴고 엉성하게, 그래서 모든 사람들이 커다란 소리로 웃게 만든다. 이것이 애도이다. 남편에 대한 사랑을 자신의 지속되는 삶으로 이어 가는 것이 바로 애도인 것이다. 그녀는 남편 없이 무기력한 자기 자신의 현실을 알게 되었고, 남편의 죽음에 대한 자기인식을 미래로 투영시키면서 따뜻한 흥분으로 삶을 맞을 수 있게 된다. 이것이 바로 삶과 죽음의 화해인 것이다.

　　장례식은 개체의 죽음에 대한 하나의 정리이자 버림이며 비움이다. 이 의식은 또한 죽은 사람이 한 번 더 '우리'에게 큰 의미가 있다는 사실을 의미화하는 과정이다. 그러나 기술의 속도에 의해 개인의 정체성이 규명되는 도시에서 울음은 억제되고 감정은 보편적인 방식으로 관리된다. 속도는 현대인들에게 여유와 고독을 빼앗아갔고, 그만큼 삶의 기술은 속도를 습득하는 것이지 죽음을 성찰하는 것과는 거리가 멀다. 도시의 밝음이 품위 있는 삶만을 고집하면서 더 이상 죽음을 소란스럽지 않게 만든 것이다. 뜻밖에 얻는 기쁨으로서의 울음은 불가능한 것이 되었다. 감정의 억제야말로 미덕인 것이다. 그렇게 애도는 최대한 간결한 방식으로 축소되어 갔고, 단지 비움만을 목적으로 하는 장례 대행 서비스에 따라 획일화되어갔다. 가격별 맞춤 서비스를 선택할 수 있다는 것은 한정된 범위에서의 자유일 뿐이다.

　따라서 장례는 '해치우면서' '치워야 할' 어떤 것이 되었다. '해치우다'는 사전적 의미로 일을 빠르고 시원하게 끝낸다는 뜻도 있지만, 일의 방해가 되는 대상을 가시 반경 밖으로 없애버린다는 뜻도 가지고 있다. 장례를 해치우는 일은 죽은 사람을 바쁜 도시의 삶에서 없애버리겠다는 무의식이 되어 버린 것이다. 인간성이 없는 축소된 장례식은 더 이상 살아 있는 사람의 시간을 소모하지도 않고 정신을 소모하지도 않는다. 통곡도 죽음에 대한 사유의 시간도 허락하지 않는다. 죽음의 타협 불가능함만 소리 없이 왔다가 사라질 뿐이다.

③

죽음 곁의 삶

친숙한 죽음

라블레François Rabelais의 《가르강튀아 l 팡타그뤼
엘》(1500년대)에서 바드벡은 팡타그뤼엘을 출산하다가 죽
는다. 가르강튀아는 아들을 본 기쁨과 아내를 잃은 슬픔
때문에 혼란에 빠진다. 아내를 애도하며 울어야 할지 아니
면 아들을 본 기쁨에 웃어야 하는지 몰랐기 때문이다. 그
는 처음에 "거짓된 죽음이여, 너는 내게 너무 가혹하구나.
마땅히 불멸성이 주어져야 할 여인을 앗아가 내게 이토록
모욕을 가하다니"라며 울기 시작한다. 그러다가 방금 태어
난 팡타그뤼엘이 생각나 웃기 시작한다. "오, 오, 오, 참 기
쁘구나! 마시자, 오! 우울한 생각은 모두 떨쳐 버리자." 그
때 아내를 매장하러 온 사제들이 부르는 애도의 노래와 고
인을 위한 기도 소리를 듣고는 다음과 같이 말한다.

하느님 제가 아직도 비탄에 잠겨 있어야겠습니까? 유감
스러운 일이로다. 이제는 젊지도 않고 늙어 가는 터에
일기도 불순해서 어떤 열병에 걸릴지도 모를 판인데. 내
처지가 정말 괴롭구나. (……) 내 아내는 죽었어. 그러니,
운다고 그녀를 소생시킬 수 없을 거야. 그녀는 잘 지내
겠지. 더 나은 곳이 없다면 적어도 천국에는 갔을 테니
까. 그녀는 행복할 것이고, 우리의 비참함과 재앙을 이
제는 근심하지 않을 거야. 우리도 언젠가 같은 일을 겪

게 되겠지! 하느님께서 남아 있는 자를 지켜주시기를! 다른 여자를 찾을 생각을 해야겠구나.

그러고는 "내 보기에 매우 아름다웠던, 고귀한 바드벡은 아이를 낳다가 죽었노라……"라며 아내의 묘비명을 쓰기 시작한다.

가르강튀아의 태도는 '죽음'의 영어 단어를 연상시킨다. '죽음'의 영어 단어는 ① death; 말 그대로의 죽음과 ② passing; (시간/세월의)경과, 소멸, 죽음의 뜻이 있다. 'passing'의 첫 번째 뜻인 시간이나 세월의 '경과'는 세월이 흘러 시간이 다했을 때의 상태이다. 유효 기간 종료인 것이다. 이것은 두 번째 뜻인 소멸이나 죽음을 예고한다. 시간과 세월을 멈추게 할 수 없으니 그 기간이 다하면 될 어떤 것, 곧 자연의 질서인 것이다. 생명체는 그렇게 삶의 기한에 의해 누군가는 태어나고 누군가는 죽는 관계 속에서 존재하는 것이다. 팡타그뤼엘의 출생은 바로 바드벡의 죽음인 것이다. 그것은 마치 도라의 죽음으로 괴로운 데이비드*가 스위스 여행 중에 우연히 마주치게 되는 아름다운 계곡의 모습과 같다. 그 경관은 자신의 괴로움과 마찬가지로 피할 수 없는 삶의 모습이다. 삶은 그렇게 죽음을 딛고 찬란하게 빛나는 것이다.

아들 팡타그뤼엘의 출생은 그렇게 아내의 죽음을 대

체한다. 아내의 죽음과 맞바꾼 팡타그뤼엘의 출생이 가르
강튀아의 삶을 회복시킨 것이다. 가르강튀아는 삶을 지속
시키기 위해 팡타그뤼엘을 키울 여인을 찾는 동시에, 아내
를 애도하는 묘비명을 직접 쓰기 시작한다. 이렇게 함으로
써 죽음은 현실의 질서 속으로 삶을 기쁘게, 더욱 의미 있
게 만들어내는 것이었다.

중세의 평균수명은 현대와 비교해 훨씬 짧았고 사람
들은 쉽게 전염병과 기근에 목숨을 잃었다. 특히 끊이지 않
는 전쟁 때문에 죽음은 현실적인 문제였다. 평균수명이 길
어지면서 젊음과 건강이 만연하게 된 오늘날과 같은 식으
로 죽음이 인식되지는 않았을 것이다. 오늘날 젊음과 건강
함에 익숙해져 있는 것은 노화와 죽음을 기피하는 집단적
무의식과 관련을 맺고 있기 때문이다. 수명이 길어진 것도
이유지만 핵가족의 가족 형태와 병원과 요양 시설로 인해
환자와 노인을 주변에서 쉽게 찾아볼 수도 없기 때문에 죽

---

* 찰스 디킨스Charles Dickens의 《데이비드 코퍼필드》(1850)의 주인공
으로, 디킨스의 다른 소설 《올리버 트위스트》의 올리버처럼 불행을
겪지만 갖은 고생 끝에 소설가로 대성한다. 유복자로 태어나 재혼한
어머니와 계부 밑에서 고생하다가 결국 런던에서 사랑에 빠져 결혼
하는데 그 여인이 도라다. 그러나 행복한 시간도 잠시, 도라는 병에
걸려 죽는다. 도라를 잃은 슬픔을 잊기 위해 스위스로 여행을 갔다
가 데이비드는 알프스 산 속에서 멋진 대자연의 경관을 보고 한 사
람의 소멸 대신 자연의 연속성을 발견하게 된다. 꽃이 지면 또다시
피듯 죽음은 새로운 삶을 내어주는 것이다.

음을 상당히 오랫동안 감출 수 있다. 도시로부터 멀어진 묘지와 납골당은 일상생활의 영역에서 벗어났기 때문에 막상 자신의 죽음은 쉽게 잊혀졌다. 그러나 중세의 죽음은 고통스럽지 않은 것은 아니더라도 친숙한 것이었다.

가르강튀아에게 있어 아내의 죽음은 슬픈 사건임에는 분명하지만 삶의 대립항이 아니다. 죽음은 우주적으로 일어나는 모든 생명의 반복적인 사건이라 삶과 화해의 맥락에 놓여 있다. 그렇기 때문에 가르강튀아의 기쁨과 슬픔의 감정 처리 방식은 진지한 비극의 무대에서는 보여줄 수 없는 익살의 것이다. 그의 단순한 감정 상태는 근대로 가면서 합리적 이성에 의해 단일한 총체적 세계감각을 상실하게 되었고, 더욱이 삶이 단순하지 않은 현대로 오면서, 특히 진지함이 스며드는 도시에는 걸맞지 않는 것이 되었다.

오늘날에 감정 상태는 훨씬 복잡해졌다. 그러나 이 말이 과거보다 현재의 우리가 더 큰 기쁨과 슬픔을 느낄 줄 안다는 것을 의미하지는 않는다. 도시의 우리 삶이 더 이상 익살과 놀이를 허락하지 않게 되었으며, 그만큼 서먹함이나 냉정함, 무관심과 같은 감정이 발달했다. 그것은 일면 진지한 것처럼 보일 수도 있지만 싫증에 가깝다. 사람들은 지하철이나 거리에서 팔만 스쳐도 반감과 불쾌함을 표현한다. CCTV의 감시망은 사람들의 행동을 억압하면서 더욱 점잖고 냉정한 태도를 유도한다. 그래야만 자신을 구제할 수 있다. 어정쩡한 행동은 자신을 곤란에 처하게 만들 수 있다.

가르강튀아처럼 죽음에서 볼 수 있는 중세의 친숙한 죽음과 달리 현대인은 수명이 연장된 만큼 죽음을 더 인식하기 어려워졌다. 오늘을 생의 마지막 날이라고 생각하며 매순간 죽음을 염두에 두고 최상의 상태에 있도록 하는 훈련은 어느 순간엔가 엄습할 죽음을 대비하기 위한 것이다. 그러나 죽음에 대한 사유가 어려워진 현대인들에는 불가능한 일처럼 보인다. 푸코의 설명에 따르면, 죽음을 현실화하는 일은 자기 자신에게 던지는 일정 형식의 시선이 가능해지는 것을 의미한다. 죽음의 사유를 통해 자신의 현재와 과거가 평가되고, 죽음에 대한 훈련과 사유는 현재의 가치를 파악할 수 있게 해주기 때문이다. 그리고 이기주의와 운명에 대한 개탄으로부터도 해방될 수 있다.

그러나 현대인은 이런 느린 수련에 적용하지 못한다. 속도의 악마에 사로잡혀 편지를 쓰고 우표를 붙여 보내는 것도, 전화 없이 만나기로 한 장소에서 무작정 기다리는 일도, 조용히 상대방의 이야기를 듣는 법도 모르게 되었다. TV에 이어 감정을 축소시키는 컴퓨터와 스마트폰에 의해 눈으로만 대화를 하게 되었고, SNS는 원하는 시간에 원하는 댓글에만 반응하면 된다. 주변에 대해서는 무관심한 반면, 세상의 모든 가십성 기사에는 예민하게 반응하면서 타인의 그 어떤 실수나 죄에 대해 용납하려 들지 않게 되었다. 마녀사냥은 권태로운 일상에 벗어날 수 있는 놀이 중의 하나가 된 것 같다.

역설적으로 이러한 타인에 대한 호기심은 이해로 이어지지 못한다. 타인의 죽음도 눈에서 멀어지고, 내가 죽는다는 것에 대한 강렬한 느낌도 내재화되지 않았기 때문에 죽음은 그저 소설 속의 레테처럼 막막한 것이고 막연한 것이다. 이렇게 죽음 자체가 소외되고 나의 죽음은 물론이고 타인의 죽음 또한 소외된다. 소외는 무관심이기 때문에 일부러 이야기해야 할 때 불쾌를 일으킨다. 할머니의 장롱 속 깊숙이 들어 있던 수의가 어느 순간 할머니의 손에 들려 우리 앞에 모습을 드러낼 때 불쾌한 것으로 바뀐다. 마치 불결한 것을 본 듯 자동적으로 인상이 찌푸려진다. 살아 있는 사람들이 입에 담는 "죽으면 죽는 거지"라는 말은 죽음을 소박하게 인정한다는 뜻이 아니다. 죽음은 그렇게 미리 준비될 수 없는 것이기 때문이다. 고대 그리스의 철학자 에피쿠로스의 말처럼 존재하는 한, 죽음은 우리와 함께하지 않는다.

이것이 과거와 현재의 차이이다. 가르강튀아처럼 죽음의 냉혹함, 심각함이 중지되고 익살로 바뀌는 순간이 있는가 하면 죽음 앞에서는 반드시 진지해져야 하는 문화도 있다.

보이지 않는 죽음

17세기의 회화에는 바니타스 정물Vanitas' still life이 유행했다. 주로 해골과 모래시계, 거울, 촛불, 깃털로 된 펜과 같은 소재는 삶이 일시적이고 '덧없다'는 라틴어 바니타스를 상징해 주고 있다. 중세 때의 천국 개념이 사라지면서 르네상스 시기에는 죽음을 모든 곳에 배치했다. 그러나 이것은 허무함 자체를 전달하는 것이 아니라 무상한 인생에 대한 강렬한 삶의 의지를 일깨워주기 위함이었다. 말 그대로 교훈적 메시지를 담은 그림이다.

그 유명한 홀바인Hans Holbein the Younger의 〈대사들The Ambassadors〉(1532)이 세속에의 명예에도 불구하고 도처에 있는 죽음을 보여주는 것도 그러한 이유에서이다. 라캉Jacques Lacan의 분석 때문에도 널리 알려져 있는 이 그림은 런던의 내셔널 갤러리 안에서도 단연 인기가 높다. 전 세계에서 모여든 사람들이 제각기 턱에 손을 괴고 그림을 바라보거나, 옆 사람과 심각하게 토론하며 고개를 끄덕이는 모습은 그림보다 더 재미있는 광경이다.

세속적 명예와 영광을 보여주는 댕트빌의 의복과 훈장, 인간의 지적 호기심 및 쾌락을 보여주는 오브제들은 인간의 야만성을 극복하려 했던 르네상스기의 특징을 보여준다. 그 화려함에 취하여 우리는 한동안 다른 것을 보지 못한다. 두 사람의 시선이 정면을 향해 있기 때문에 그들의 시선에서 가까운 쪽부터 우리의 눈길도 움직인다. 흰 깃털이 붙은 왼쪽의 댕트빌을 바라보는 데에만도 상당한 시간이 소요된다. 이 사람의 의상으로 지위와 임무를 확인하고 나면, 오른쪽의 셀브 주교에게로 옮겨 간다.

그러고 나면 이 사람들의 가운데에 위치한 여러 사물들이 눈에 띈다. 다면 해시계로부터 천구의, 사분의, 토르카툼이라는 생소한 이름의 것들. 그리고 지구의, 수학책, 삼각자, 컴퍼스, 류트와 피리까지 한눈에 훑어진다. 인간의 지식에 대한 욕망과 쾌락에 관련된 도구들이다. 항해술을 위한 천구의와 해시계, 천문학에 필요한 사분의와 토르카툼은 지리상의 발견에 사용된 것들이다. 다면 해시계는 년·월·일을 표시할 수 있는 시계로, 콜럼버스가 신대륙을 발견한 1492년에 맞춰져 있다. 사분의는 천체관측기구이며, 토르카툼은 태양광선의 각도를 측정하는 것으로 천체의 위치 측정에 사용되었다. 류트는 기타의 전신으로, 피리와 함께 삶에서의 쾌락과 유희를 보여준다. 그러나 인간의 쾌락이 부질없다는 것을 알려주듯 류트의 줄은 끊어져 있다. 끊어진 줄이 잘 보이지 않게 그려진 것은 삶의 유한성을 깨닫지 못하는 인간에 대한 아이러니를 극대화한다.

그리고 메를로-퐁티Maurice Merleau-Ponty의 책 제목 《보이는 것과 보이지 않는 것Le visible et l'invisible》(1964)을 그대로 반영하듯 그동안 전혀 보이지 않았던, 그리고 볼 수 없었던 물건이 하나 그림 중앙의 아래에 놓여 있다. 잘 들여다보아야만 옆으로 잡아당긴 것 같은 해골이 눈에 들어온다. 이 해골은 '보고 싶은 것만 본다'는 명제에 걸맞은 사물이다. 해골의 비틀어진 형태는 우리 세계 도처에 스며들어 있는 죽음을 보여준다. 잘 알아볼 수 없도록 그려진 이유 때문에도 보이지 않았던 것이지만, 인간이 심리적으로 보기를 원치 않는, 그리고 실제로 볼 수도 없는 죽음이 언제든지 위협할 수 있다는 것을 각인시킨다. 정면을 바라보는 두 인물을 똑바로 바라보자면 해골은 보이지 않는다. 이 현상 속의 두 인물이 바로 우리가 바라보는 실물의 세계인 것이다.

　　마지막으로 또 하나, 왼쪽 맨 위에 커튼에 살짝 가려져 있지만 십자가에 못 박힌 예수상이 걸려 있다. 이것은 인간이 결국은 죽어야 한다는 운명과 유한성, 그리고 인간의 역사를 보여주면서 인간 삶이 그림처럼 화려하지만은 않다는 것을 보여준다. 하나의 그림 속에 배치되어 있지만 해골과 십자가를 바라보고 있노라면 세속의 두 인물은 눈 밖으로 실종된다. 삶과 죽음이 같이 만날 수 없음이다. 해골은 바라볼 수 있는 것이 아니라 깨달아야 하는 어떤 것이다. 부정할 수 없는 사실은 인간 깊숙이 박혀 있는 죽음에 대한 두려움이다. 홀바인은 인간의 화려한 역사와 운명 속에도 피할 수 없는 죽음이라면 차라리 죽음을 인정하고

한스 홀바인, 〈대사들〉

죽음은 절대 보이지도 않고 볼 수도 없다

왼쪽은 프랑스의 정치인이자 외교관 장 드 댕트빌Jean de Dinteville, 오른쪽은 프랑스 한 도시의 주교로 가톨릭 개혁주의자였던 조르주 드 셀브Georges de Selve로 댕트빌의 친구였다. 당시 댕트빌은 프랑스 왕 프랑수아 1세의 명으로, 영국 왕 헨리 8세의 이혼 문제로 인한 로마 교회의 갈등을 해소하기 위해서 영국에 파견되었다. 르네상스 시대의 '인간 중심' 문화를 상징하듯 화려한 의복의 위풍당당한 두 인물과 인간이 발명해낸 여러 사물들만이 그림의 중심을 차지하고 있다. 그 아래에 비스듬히 놓여 있는 죽음은 보이지도 않고 볼 수도 없다.

'삶의 상징'이라는 새로운 가치체계로 바꾸라 한다. 그것은 죽음을 삶과 생명의 이미지로 환원하는 진실한 삶에 대한 의지이다. 무시무시한 죽음과 정면승부를 벌일 삶에 대한 각오인 것이다.

홀로 맞이하는 죽음

이 그림은 댕트빌이 홀바인에게 의뢰하여 그려진 것으로 알려져 있다. 거실에 이 그림을 걸어 두고 자신을 비롯하여 집을 방문하는 모든 사람들이 죽음을 의식하면서 삶의 책무를 성실하게 수행하라는 뜻에서였다. 해골의 메시지는 죽음의 의식으로 "삶을 열심히 살지 않으면 안 된다"는 경고장과도 같다. 시간이 경과하면 모래가 밑으로 다 떨어지는 모래시계도 바니타스의 중요한 사물이듯, 시간이 다하면 인간이 소멸에 이를 것이라는 시각적 알람을 나타낸다. 그리고 죽음의 이미지 속에는 이러한 사물뿐만 아니라 늙어가는 것, 노인이 포함된다.

늙어간다는 것은 무능력과 무기력에 대한 수치심을 유발시키는 것에 다름 아니다. 이 수치심은 사회적 감정이며 사회적 순응 과정과 연관되는데, 개인이 겪는 내적인 심리적 세계와 사회적 관계의 상호작용적 세계가 복잡하게 연계되어 발생된다. 그리고 늙음은 개인 자신과 사회적 관계에 의해 발생되고 인식되는 것이기 때문에 노인에게는 부적절한 자아상과 겹칠 수가 있다. 그런 현상이 아주 고통스럽게 경험되어 노인 개인의 인격 전체를 위축시킬 수도 있다.

노년에 대한 극적인 변화는 의학 기술의 발달에 따른 고령 인구의 급격한 증가와 관련된다. '마음은 청춘'이라는 말은 세계 노인들의 공용어가 되었다. 그리고 외모 또한 10년 이상 젊어 보이게 되었다. 그렇다 하더라도 수명이 길어진 만큼 늙음과 사회적인 활동의 기간이 동일해진 것은 아니다. 노년기의 삶이 상당 기간 늘어난다는 것은 사회적인 활동이 그만큼 줄어든다는 것을 의미한다. "스스로 싸우고 권리를 지키며 의지하려 하지 않아야 한다"는 로마의 정치가이자 문인이었던 키케로Marcus Tullius Cicero의 말은 긴 노후를 보내야 하는 노인들에게는 짐 하나를 더 얹는 느낌이다. 노년기에 접어든 사람들이 농담처럼 "늙으면 입을 다물고 지갑을 열라"는 말을 일부러 꺼내는 데에는 그런 억울함이 배어 있다. '늙어가는 것도 서러운데'라는 심정일 것이다. 늙음과 스스로 싸워야 하며 누구에게도 기대지 않아야 한다는 이 바람직한 노인상은 고독을 견뎌야 한다는 문제와 경제적인 문제를 해결해야 한다는 복잡한 의미를 보여준다.

노인의 감정은 자신이 무능력하다는 생각 때문에 억

압될 것이다. 노인이 느끼는 수치심은 개인의 불안에서 외부로 발산할 분노까지 이어지기가 어렵기 때문에 밖에서 알 수 없다는 점에서 더 심각한 문제가 될 수 있다. 치매가 심해지는 아내를 자식에게 맡길 수가 없어 아내를 데리고 자살한 노인의 사례는 노인 수치심의 처리 방법에 대한 심각성을 보여준다. 다른 쪽에서는 노인 1인 가구의 수와 무연고자 사망자 수의 빠른 증가 추세라는 문제가 고스란히 남아 있다. 가족을 찾지 못하거나 찾더라도 사체 포기 각서를 제출하는 가족을 대신해서 행정자치단체는 무연고자 사망자에 대해 장례 업체에 위탁한 화장 또는 매장을 실시한다.

장례식 없이 화장되기 때문에 직장直葬이라고 불리는 죽음은 노숙자와 독거노인의 초상이기도 하다. 그리고 더 중요한 것은 이러한 사실이 어떠한 관심도 끌지 못한다는 것이다. 늙는다는 것과 죽는다는 것은 매끈하고 젊은 도시의 이미지와는 어울리지 않게 초췌하고 품위가 없다. 품위 없고 초췌한 것은 불쾌의 조건이 되어 마침내 품위와의 조합으로 '품위 있는 죽음'이 만들어졌다. 이것은 안락사를 일컫는 수식어지만 동시에 우리가 더 이상 임종을 지키고 죽음을 애도할 장소와 시간이 없게 되었다는 것과도 연관된다. 살아 있는 사람이 품위 있는 삶을 누릴 수 있도록 품위 없는 죽음 앞에 선 사람은 자신이 죽을 장소로 가도록 권고되는 것이다.

그러나 집 안에서 죽어 나가는 경우는 거의 없어졌다. 급성 환자는 물론 만성 환자까지도 집에 머무는 일은 드물다. 병명이 밝혀진 후 그냥 내버려두는 일은 절대로 용납되지 않는다. 의사가 진단만 하면 언제든지 병원 또는 요양원으로 옮겨질 수 있다. 죽음에 가까워진 노인을 격리 시킬 수 있는 것은 의사의 허가와 가족의 동의에 의해서지 환자나 노인 본인이 아니다. 노인이 할 수 있는 일은 없다. 노인에게 괴로운 일은 인간 누구나 혼자 죽음을 맞아야 한 다는 사실 자체보다 요양 시설로의 이동이라는 공간적 고 립까지 요구되는 것에 있다. 사회로부터, 나아가 가족으로 부터 자신의 삶에 대한 어떠한 권리도 부여받지 못한 채 격리된 요양 시설에서 처음 보는 환자들과 함께 살아야 할 확률이 커진 것이다.

그들에게 요양 시설은 아마도 아무 일도 일어나지 않 는 세상의 구석일 것이다. 정상적인 삶에 부대꼈던 죽음의 징후는 비정상의 영역으로 노인들을 재배치시키면서 낯선 사람들과 조용히, 위생적으로 고독을 감내하며 살게 만들 었다. 그러나 그것은 사회적인 선택이고 질병과 죽음에 대 한 정상적 처리 방식이기 때문에, 노인을 보내지 않는 경 우 가족에게는 환자에 대한 '방치'라는 책임의 문제로 비 쳐지게 된다. 또한 요양 시설이 주장하는 것은 노인의 격리가 아니라 시의적절한 치료와 안전한 보살핌을 표방하기 때문이다.

따라서 그 어느 때보다 강력하게, 죽어가는 것과 죽음을 살아 있는 사람의 시선 밖으로 그리고 정상적인 삶의 배후로 밀어 넣는 사태가 발생한 것이다. 이런 점에서 언젠가 죽어야 할 개인의 입장에서 보면 삶은 의미가 없으며 모든 인간이 죽을 수밖에 없다는 점만을 강조해 보여준다. 죽어가는 사람은 홀로 오롯이 남게 되었다. 홀로 죽음을 맞아야 하는 것이다. 카뮈Albert Camus의 〈아이러니〉(1958)에서 노인 또한 죽음을 기다리며 기도를 하면서 어둠 속에 홀로 남는다. 딸은 어머니가 어둠 속에 있기를 좋아한다고 믿고 있다. 이것이 지금 현재 우리가 죽어가는 사람에 대해 가지고 있는 오해이다. 죽음을 알은척하거나 알고 싶어 하지도 않으며 죽어가는 사람들로부터 최대한 멀리 떨어진 곳에서 얼굴 전체를 가리는 마스크를 쓰고 운동과 다이어트를 하면서 노후 자금을 위해 열심히 일하는 것이 우리의 현재 모습이다.

운동과 다이어트를 하지 않으면 게으른 것이고 노후 자금을 준비하지 않는 사람은 무능하고 근시안적이다. 죽음을 어떻게든 숨기려는 일종의 공범 의식인 것이다. 노후 생활에 대한 사회적·경제적 여건의 강조가 노후생활에 눈을 뜨도록 하기는 했지만 죽음은 그만큼 경시되었고, 가장 조용하고 손쉽고 빠르게 처리해야 하는 대상이 되었다. 그러나 죽음의 경시는 바로 죽음 앞에 처한 나의 고독을 방치해둔 것에 지나지 않는다. 죽음을 등한시한 결과가 정작 죽음 앞에서는 무기력한 초라한 인간과 마주하게 만든다.

철학에서 끝없이 물어 왔던 "죽음이 무엇인가?"의 질문은 죽음 앞에 서야 하는, 죽음에 이르기까지의 고독을 견뎌야 하는 문제를 포함한다. 죽음이 돌보아지지 않으면서 죽어가는 인간도 돌보아지지 않는다. 죽어가는 사람의 죽음이 살아 있는 나의 것이 될 때 느끼게 될 상실감에 대해서는 모른 척하고 있는 것이다. 인간이 죽음을 멀리한 것은 죽음에 맞서는 삶의 성실성 때문이 아니라 죽음에 대해 흔들리는 마음을 들키기 싫은 이유가 아닐까?

죽어도 좋아

그런데 죽음을 아예 곁에 두고 사는 인물이 한 명 있다. 《백년의 고독》으로 노벨문학상을 받았던 마르케스는 2004년 《내 슬픈 창녀들의 추억》을 출간했다. 이 소설은 나이를 먹어가면서 몸으로 느끼는 증상들, 그래서 죽음을 뼈 마디마디 혈관 구석구석으로 경험하는 한 사람의 삶을 그리고 있다. 그는 이름 대신 '서글픈 언덕'이라는 별명을 가진 아흔 살이 다 된 노인으로만 소개된다. 죽음을 몸에서 느낀다고 해서 그가 죽을 때를 기다리는 것은 아니다. 그는 죽음의 기습을 기다리는 대신 자신의 생일에 처녀와 뜨거운 사랑의 밤을 보내기로 결심한다. 그가 처녀와 밤을 보내고 싶은 이유는 거의 모든 인간이 죽어 있을 나이에 새로운 삶의 시작을 스스로 가능한 것으로 만들고자 했기 때문이다. 주책인 것 같은 이 생각은 나이 들어가는 사람의 낯선 육체적 경험에 대한 패러디처럼 보일 수도 있다.

세월은 그에게 각양각색의 통증과 함께 죽음의 암시를 보여주었다. 그는 나이에 따른 병증을 겪었다. 사십대에는 숨을 쉴 수 없을 만큼 어깨가 결렸고, 오십대에는 기억에 문제가 왔다. 했던 이야기를 되풀이했으며 사람들의 얼굴과 이름을 일치시킬 수가 없었다. 아침을 먹었다는 사실을 깜빡 잊고 다시 먹기도 하였으며, 안경 없이는 생활을 할 수가 없게 되었다. 의사는 안쓰럽다는 듯이 "그 나이에 당연한 증상"이라고 말한다. 그러나 나이와 몸의 증상의 당연한 상관관계에 대해 "그럼 내 나이가 나에게 당연한 게 아니다"라는 대답에서도 나타나듯이 노인은 괴리감에 빠져든다.

노인의 생활은 검소하고 느리다. '노년'이라는 단어는 전면적인 수준에서 어떤 특정 목적도 결여된 집단에 대한 이름이다. 사회적 관계에서 배제되고 고립되었기 때문에 삶은 축소되어져야 하고 검소해질 수밖에 없다. 몸의 반응은 점차 느려지면서 좌절감은 배가된다. 의사의 말처럼 나이에 대한 몸의 경험이 마치 자연스러운 과정처럼 알려져 있지만, 몸에서 기억하고 있는 젊음이 다시금 몸에서 좌절되는 경험은 당사자에게는 이상하고 불쾌한 느낌이다. '아무것도 할 수 없다'는 상심이 죽음을 더욱 앞당기는 것 같기 때문이다. 그렇기에 비슷한 연령의 주변 사람들을 통한 죽음을 경험하면서 죽음에서 최대한 멀리 떨어져보려고도 하지만, 무기력해지고 움츠러드는 것은 막을 수가 없다. 그렇다고 노인들에게 삶이 없는 것이 아니다. 그들의 삶 또한 청년들의 삶과 마찬가지로 계속된다.

'서글픈 언덕'이 풋풋한 처녀를 구하다가 열네 살짜리 소녀를 만나게 된다는 설정은 성매매의 불법행위라는 사회적 문제를 이미 늙어버린 포주와 빛이 바랜 창녀촌의 쓸쓸한 풍경 속으로 감춰버린다. 소설의 핵심은 노인이 유리창에 비친 자신의 늙고 형편없는 차림을 알아차린다는 것과 누구 하나 자신에게 눈길을 주지 않는다는 사실을 깨닫는 데 있다. 마침내 사춘기 때부터 자신을 구속했던 남자로서의 능력을 "무용지물"이라고 말하면서 도리어 해방감을 맛보기에 이른다. 그에게 늙는다는 것의 매력 중 하나는 아흔 살 먹은 노인이 이미 여자들이 볼 때는 용도 폐기된 존재이기 때문에 오히려 도발적인 말과 행동을 걸어올 수 있는 대상이 된다는 점에 있다.

이처럼 소설은 늙음과 죽어가는 것, 그리고 그 속에서 이어가야 할 삶의 색조가 어떤 것이어야 할지를 이야기해준다. 늙음과 죽음 가까이에 가난과 고독이 무겁게 내려앉아 있고, 어둠 속의 계단을 더듬으며 내려가야 할 만큼 몸은 둔해졌지만, 노인은 나잇값을 무너뜨리고 다시 무너뜨린 나잇값에 경악하게 만드는 즐거움을 삶 속으로 열어놓는다. 죽음을 들여놓고도 삶을 살아간다는 것이 얼마나 멋진 일인지, 그리고 죽음을 통해 삶을 알아간다는 것이 얼마나 열렬한 기분인지를 역설적으로 보여주려고 한다.

그러나 자신이 여전히 건재하다는 것을 노인은 굳이 증명해 보이려고 애쓰지 않는다. 그리고 전직 교사였고 현재 일주일에 한 번 신문에 칼럼을 기고한다는 이유로 점잖게 보이려고 하지도 않는다. 신문사 사장 마르코가 사무실에서 전화하는 모습을 보며 '나에게 깊은 인상을 주기 위해'라든가 '박력 있는 사람처럼 보이려고 애쓰는 것'으로 마르코를 삐딱하게 바라보거나, 심지어 그의 목소리에 위선이 담겼다고 생각하는 것은 노인의 고집스러움과 괴팍함 때문이라기보다는 노년에도 미성숙할 수 있다는 것을 보여준다. 그는 어른인 체하면서 젊은 사람들에게 조언이나 하는 사람이 아니다. 그렇기에 스물아홉 살의 젊고 세련된 사장의 옷차림을 보면서 두 시간을 허비했던 자신의 가난에 수치스러움을 느끼고, 그로 인해 더욱 화가 나기도

렘브란트 반 레인, 〈논쟁하는 두 노인〉(1628)

노인은 살아 있는 현재를 산다

이미 죽음에 발을 디딘 노인은 살아 있는 현재의 삶을 살면서, 그리고 진행 중인 사건에 적극적으로 연루되면서 죽음의 공포에서 벗어난다.

한다.

그리고 사장실에 걸려 있는 사진 하나가 노인의 감정을 보여주는 데 최적의 역할을 한다. 누군가가 신문사의 창립기념 단체 사진에 이미 고인이 된 사람들의 머리 위에 십자가 모양을 새겨 넣은 것이다. 사진 속 마흔여덟 명의 직원 중에 단 네 사람만이 아직 살아 있다는 것, 그리고 그 중 한 사람이 노인 자신이라는 것은 자랑스럽다기보다 서글픈 현실이다. 그러나 노인의 칼럼을 칭찬하며 사직 의사를 밝힌 노인의 사직서를 받아주지 않는 사장에게서 노인은 더한 궁상스러운 감정을 느낀다. 그리고 그 감정을 눈치채이지 않도록 애써 눌러야 하는 사실에, 그리고 사장의 제안을 거절할 수 없음에 더욱 서글퍼진다. 소설의 장점은 죽을 날이 얼마 남지 않았다는 사진의 암시에 대한 좌절 대신, 현실에서 닥친 삶의 비루함에 좌절하는 노인의 감정을 고스란히 드러내는 데 있다.

따라서 늘 죽음이 드나드는 노인의 삶에서 죽음은 살아 있는 사람의 이야기가 된다. 노인에게는 언제나 "조심하십시오"라는 말이 따라붙는다. 그럼에도 불구하고 그는 아직 살아 있다는 것에 대한 기적이 이미 자신의 삶을 보상한 것이라고 생각한다. 그는 아흔이 된 지금에야 자신의 성격을 알아차리게 된다. 야박한 심성을 숨기기 위해 인자한 척하고, 그릇된 판단을 숨기기 위해 신중한 척하고, 쌓인 분노가 폭발할까 봐 화해를 청하며, 타인의 시간에는 무관심하다는 걸 들키지 않으려고 시간을 엄수한다는 사실이었다. 그리고 문학과 음악 취향이 바뀌었다는 사실은 자신이 뒤처지고 늙은 사람임을 깨닫게 되지만, 실망스럽기보다는 변화된 자신을 받아들일 수 있는 마음을 개방하게 된다. 이 모든 것은 그가 평생에도 없었던 사랑을 하면서 가능하게 된 것이다.

그러나 이 소설 또한 어쩔 수 없이 늙어감에 대해, 그리고 죽음에 대해 두 가지 진실을 입에 올린다. "우리 마음으로는 느끼지 못하지만, 바깥에서 사람들은 모두 그렇게 본다"는 것과 "혼자 죽는 것보다 더한 불행은 없어요"가 그것이다. 그리고 소설은 바깥에서 바라보는 늙음뿐만 아니라 노인의 내부에서 알아차린 "늙어가는 것 같아"를 포착한다. '눈이 눈물로 촉촉이 젖어 있으며 비로소 과거의 내가 아니라는 것.' 이 깊은 인식은 죽음 자체보다는 스스로 무용지물이 되었다는 것을 인정하는 말이다. 그러나 무용지물이 되었기 때문에 삶에서 밀려나지 않는다. 무리에게 버려지지만 체념하지 않고 스스로가 선택한 것을 만끽한다. 그렇다고 해서 그가 죽음을 피할 수 있다고는 생각하지 않는다. 도리어 이 죽음 앞에서 현존재의 전체성이 획득되고 죽음에 대한 두려움이 자신의 본연의 모습을 일깨우게 만든다.

그렇기 때문에 죽음에서 오는 두려움을 기피하는 대신에 더 자각적으로 죽음보다 앞서 달려가면서, 자신의 최고의 본래성, 본연의 모습을 성취하는 데 최선을 다한다. 그가 아흔 살이 될 때까지 제대로 해보지 못한 진정한 사랑은 죽기 전에 반드시 수행할 삶의 임무를 차지하게 되고, 이것이 다가오는 죽음을 조롱하면서 바로 삶의 한가운데로 온몸을 던질 수 있게 한다. 이처럼 진정한 사랑은 사창가에서 역설적으로 탄생하고, 노인의 사랑은 죽음 자체인 아흔 살의 나이를 역설적으로 만든다. 그리고 마침내 언제든지 죽음을 받아들일 수 있는 태세로 죽음이 아깝지 않을 행복한 현재를 살아간다.

노인의 죽음에 대한 자세는 "지금 죽어서 모든 수고로부터 풀려나는 것이 최선"이라 했던 소크라테스의 자세보다 비범하지는 않다. 소크라테스의 이 말은 인간의 지혜가 보잘것없고 무가치한 것이라는 사실을 자각했기 때문에 자신이 가진 근본신념을 포기하고 인간의 초라한 처지를 겸허하게 받아들이는 것이 죽는 것보다 어렵다는 것이다. 그래서 죽는 것이 더 쉽겠다는 말이다. 그러나 이와 같은 태도를 가질 정도로 우리는 비범하지 않다. 막상 아흔 살 노인처럼 죽음을 초월할 만큼 강렬한 삶을 선택하고 경험하는 일은 쉽지 않다. 현대의 죽음은 더 이상 서사시에서처럼 영웅적이지 않으며, 비장하지 않기 때문이다. 제임스 조이스의 《율리시스》의 주인공 레오폴드 블룸이 변비증 때문에 창자가 후련해질 때까지 힘을 주고 화장실을 나오는 바로 그 순간에 떠오르는 친구의 장례식처럼 신성한 대열에서 이미 오래전에 벗어난 것이 죽음인 것이다.

무위의 상태에서 무작정 기다려야 하는 몸이 불편한 노인에게처럼 권태와 끔찍한 고독에 그림자를 드리우고 있는 것이 죽음이다. 〈아이러니〉에서 노인은 죽음이 다가오는 날까지 오늘과 다를 바 없을 내일을 기다리는 일밖에 할 일이 없다. 죽음이 무섭다면 그 무위 때문일 것이다. 똑같은 모습의 세상과 어제 그제와 비슷한 식사, 하루 종일 재방송되는 TV. 이것이 죽음보다 더한 재앙 같은 삶일지도 모른다. 오늘날에는 죽음 자체보다 긴 노년의 문제를 어떻게 해결할 것인가의 문제에 봉착해 있다. 이것은 물론 삶의 문제이다. "죽어도 좋아"와 "죽어버리고 싶어"가 엄연히 다른 것은 죽음이 아니라 삶의 차원에서의 차이이다.

죽음을 역설적으로 만들 수 있는 것은 삶이다. 그날그날이 같지만 다른 색조를 부여할 수 있는 다른 하루. 그런 하루를 오만하게 지배할 수 있다면 "지금 죽어도 좋아"라고 말하게 될 것이다. 바우만Zygmunt Bauman이 말한 것처럼 미래란 "어떤 것이든 일어날 수 있지만, 그럼에도 어떤 것도 알려질 수 없거나 확실하게 완료될 수 없는 그 어떤 것에 대한 약칭"이다. 그러나 "역설적이게도 어쩔 수 없는 인간이라는 선택자이기도 한 우리는 바로 그와 같은 미래의 일들을 생겨나게 하는 자들이기도 하다." 불확실한 미래는 우리가 살아가는 현재에 달려 있는 것이다. 현재는 죽음이 지배하지 않은 유일한 삶의 순간이다. 우리는 과거나 미래를 살아가는 것이 아니라 죽기 전까지는 언제나 현재의 삶 속에 있다. 그 삶을 어떻게 살아내는 것이 중요한지는 개인의 선택이며 의지이다. 크레이스Jim Crace가 《그리고 죽음》(1999)에서 말하듯이 "생명이 존재한다. 생명이 사라진다." 그러나 그 사실 자체는 "중요하지 않다."

④

타인의 죽음

이카로스의 죽음

인간은 전쟁을 치렀고 지금도 세계 곳곳에서는 내전이 발발한다. 죽음의 공포는 TV와 인터넷의 세계 뉴스를 통해서도 총상을 입거나 폭격을 당해 고통스러운 타자의 얼굴로 전해져 온다. 그러나 그들의 얼굴은 클로즈업되지 않는다. 인터넷에 공개된 피해자의 얼굴은 피해 이전의 얼굴이다. 그 얼굴은 선명한데도 불구하고, 객관적인 얼굴처럼 공허하다. 이 공허함은 그가 다른 누구와도 구별되지 않는 타인이라는 것이며, 그렇기 때문에 그냥 지나칠 존재일 뿐이라는 것이다. 내가 그를 알아본다는 것은 그가 나에게 말을 걸어오는 것이다. 그리고 그가 마치 나 자신처럼 다가오는 것이다. 한때 카메라에 생생하게 담긴 세상의 구석 어디에서 굶주림에 처한 아이들이 죽어가는 모습은 파리가 달라붙은 뼈만 앙상한 몸을 통해서 나를 흥분시켰다. 그리고 비슷한 모습들이 반복되면서 더 이상은 사로잡지 못하는 것이 되었다. 우리의 감정은 뛰어나게 발달하는 시각 예술에 따라 더욱 무감각해지고 더욱 둔감해졌다.

그리고 가까운 사람들의 죽음은 멀리 있는 것이므로 두렵지 않았다. 죽음 자체가 무서운지 어떤지 경험할 기회가 없었기 때문이었다. 막연히 죽음을 예측하지만 아직 나와 내 주변에는 도래하지 않았다. 미지의 것이라 알 수는 없지만 시간적으로 나의 죽음은 멀리 있을 것만 같다. '평균 수명 80세 이상'은 나를 안전지대에 남겨 둔다. 그러나 가까운 타인의 죽음을 경험하는 순간 "죽으면 그만이지"라는 말은 입안에서 멈춘다. "오래 살고 싶지 않다"거나 "죽으면 죽는 거지"라는 예전의 생각은 미래적 죽음에 대한 막연함이었다. "죽음이 무엇인가?"라는 문제보다 지금 여기에 살아 있는 나에게 중요한 것은 '삶'이었다.

그동안의 나는 사는 일에만 모든 것을 걸었기 때문에 죽음에 대해 생각할 겨를이 없었다. 베라*의 말처럼 거리에서 할머니가 털리는 걸 보면 몸을 사리다가도, 운전석에 앉아서는 속도의 엑스터시에 흠뻑 빠져 죽음은 잊어버리는 것이 우리들이다. 기술의 속도가 인간을 기계의 속도 위에 올려놓으면서, 인간은 오로지 현재의 속도를 즐기고 두려움의 원천인 미래로부터 해방되었다. 죽음은 바로 그런 것이었다. 그렇게 경멸의 대상이었다. "죽으면 그뿐"이라고 말할 수 있는 것도 그러한 현재에의 단절된 한 조각에만 매달리기에 가능했다. 이러한 생각 속에 탄생은 있으나 죽음은 없다. 탄생은 오래오래 축복을 받지만 죽음은 서둘러 조용히 지나친다.

---

* 밀란 쿤데라Milan Kundera의 소설 《느림》(1995)에 나오는 인물로, 화자인 '나'와 함께 자동차에 동석했다가 자신들을 추월할 기회를 엿보고 있는 뒤쪽 자동차를 바라보며 운전석에만 앉으면 두려움을 모르게 되는 사람들을 힐책한다.

새의 깃털과 밀랍으로 만든 날개가 태양에 녹아내려 이카로스는 물속으로 떨어지고 만다. 그림에서 추락하는 이카로스의 죽음이 보잘것없이 작게 나온 것은 사람들의 죽음에 대한 태도를 잘 형상화한다. 인간의 고통은 인간 삶의 주요 부분에서 궁극적으로 눈에 띄지 않는다. 영국 시인 오든W. H. Auden은 브뢰헬Pieter Brueghel the Elder의 그림 〈이카로스의 추락이 있는 풍경〉(1560년대)에서 세 가지 세부적인 부분에 주목한다. 농부, 이카로스의 하얀 다리, 그리고 상선商船이다. 이카로스의 모습은 두 다리와 한 손으로만 축소되어 물 위에 살짝 나타나 있다. 이카로스에게 가장 중요하게 상징되는 날개는 보이지 않는다.

다른 동물들, 사람들과 마찬가지로 농부와 상선은 이카로스에게서 멀리 떨어져 있다. 농부 옆으로 양치기가 생각에 잠겨 하늘을 쳐다본다. 그러나 웬일인지 이카로스가 물에 빠져 허우적대는 모습은 보지 못한다. 주인 옆에 조용히 앉아 있는 개도 그 광경을 감지하지 못하고, 양들 또한 외면한다. 선원과 어부들도 자신들의 일에 몰두하여 그 모습을 보지 못한다. 멀리 덤불 아래로는 사람인지 해골인지 알아보기 힘든 형체가 쟁기질에 의해 모습을 드러낸다. 이것은 육안으로 알아보기 어렵지만, 오랜 네덜란드 속담의 "쟁기가 시체 위를 지나간다"는 말을 브뢰헬이 재현한 것이다. 살아 있는 사람의 쟁기질 속으로 누군가의 죽음이 드러나기도 하지만 살아 있는 사람은 계속해서 자신의 삶에만 몰두할 뿐이다.

잘 보이지 않지만 이카로스 아래에는 자고새 한 마리가 앉아 있다. 자고새는 이카로스의 아버지 다이달로스에 의해 살해된 조카 탈로스가 변신한 것이다. 명장이자 천재적인 예술가 다이달로스도 놀랄 정도로 탈로스는 발명에 뛰어났다. 그런 탈로스의 재능을 시기하여 다이달로스는 탈로스를 높은 벼랑에서 떠밀어 죽게 하였다. 탈로스는 이 공포로 인하여 자고새로 변한 뒤에도 높은 곳에 집을 짓지 못하고 거의 날지도 않았다. 그런 자고새가 다이달로스가 아들 이카로스를 땅에 묻을 때 기뻐했다고 한다. 브뢰헬의 그림에서 자고새는 유일하게 얼굴을 정면으로 향하고 있다. 마치 어리석은 인간의 죽음을 비웃어주듯이 우리를 향해 있는 것이다.

오든은 벨기에 브뤼셀의 미술관에서 보게 된 브뢰헬의 그림 세 편, 〈이카로스의 추락이 있는 풍경〉, 〈베들레헴에 모여든 군중들〉(1566), 그리고 〈유아 대학살〉(1566~1567)을 본 후 〈미술관〉이라는 시를 쓰게 된다. 다음은 시 제목에 해당하는 이카로스의 이야기 부분만을 옮겨 놓은 것이다.

브뢰헬의 〈이카로스〉를 보자. 어쩌면 모든 것이
그처럼 유유하게 불행을 외면하고 있는가. 농부는 아마도

그 첨벙거리는 소리, 그 외로운 외침소리를 들었으련만
그에게 그 소리는 중대한 실패가 아니었던지. 태양은
푸른 바다로 사라지는 하얀 두 다리에 예사롭게
내리비쳤고, 값비싼 우아한 상선은 뭔가 놀라운 광경을,
한 소년이 하늘에서 추락하는 것을 보았으련만
어딘가 갈 곳이 있어 조용히 항해를 계속해갔다.

이카로스는 크레타 섬에 갇혀 있다가 아버지의 도움을 받아 밀랍을 녹여 붙인 깃털로 어깨에 날개를 단다. 마침내 하늘로 날아오른 이카로스는 아버지의 경고를 무시하고 태양 가까이 다가갔다가 태양열에 밀랍이 녹아 날개가 떨어져 추락하여 죽고 만다. 그런데 아무리 기념비적인 사건들도 사람들과 동물들, 모든 사물들이 일상의 업무를 이행할 때 일어난다. 오든은 신화적인 범주에서는 엄청난 사건이라 해도 세상에는 세상만큼의 위치만을 차지한다는 사실을 보여준다. 이카로스가 떨어진 후에도 쟁기질은 계속되며 삶은 지속된다. 삶은 계속되어야 하지만 그 삶을 지속시키는 어조는 냉담하다. 오든은 삶의 중심에 고통이 점하고 있다는 사실도 무미건조하게 이야기하며 그것을 바라보기를 회피하는 사람들의 어조를 대변해준다. 죽은 사람의 신원을 확인하고 장례식을 치러주느라 자신들의 일을 접어두는 마르케스의 옛날이야기와는 거리가 멀다.

여기서 고통은 정확히 타인의 고통이다. 이카로스에게는 자신의 죽음이었겠지만 농부나 양치기, 어부에게는 타인의 죽음일 따름이다. 브뢰헬의 그림 제목이 〈이카로스의 추락이 있는 풍경〉임에도 정작 그림에서는 이카로스의 모습이 보잘것없는 비중을 차지하는 것도 그런 이유 때문이다. 그림의 제목이 아니었더라면 물에 빠진 인물이 이카로스인지 알기 어려웠을 것이다. 어느 섬세한 관찰자가 날개 대신 대기 속에 흩날리는 몇 가닥의 깃털만으로 이카로스를 알아보았을까?

이카로스를 돌아본다는 것

원시인에게도 죽음은 충격에 가까운 강렬한 경험이었다고 한다. 그러다가 '소유'의 개념을 인식하게 되면서 인간은 타 부족과 일으킨 전쟁에서 내 부족을 지킨다는 관념에서 타 부족을 죽이는 일에 도리어 무자비해졌다. 오늘날까지 전쟁이 남아 있는 것은 타인과 나의 경계에서 죽음을 완전히 다른 것으로 수용하게 된 것을 의미하며, 반드시 적이 아니더라도 타인의 죽음을 불가피하거나 어쩔 수 없는 것으로 받아들일 수 있게 되었기 때문이다. 내가 아닌 모든 사람은 타인에 불과하다. 그런데 이 불가피하고 어쩔 수 없는 죽음이 나를 둘러싸는 순간 모든 것은 달

삶은 지속되고 쟁기질은 계속되어야만 한다

이 아름다운 시골 풍경에 멀리 바다 한가운데에 빠진 이카로스가 허우적대
는 다리가 보인다. 사실 잘 보이지 않는다. 그림에서조차 현실의 삶을 전경

에 두고 이카로스의 죽음은 짙은 바다색에 겨우 다리 한쪽만으로 나타난
다. 주변에 어느 누구 하나 그를 거들떠보는 사람이 없다. 양치기나 소몰이
모두 자신들의 일상의 삶에만 몰두해 있을 뿐이다.

라진다. 전쟁에 의한 살해가 아니더라도 인간은 모두 죽는다. 그러나 하나의 개체로서 타인과 구별되는 나의 죽음은 전혀 다른 경험이다.

> 나는 가진 것이라고는 없지만
> 그래도 좋은 포도주 한 병을 가지고 있네
> 그거라면 친구들과 즐길 수 있겠지
> 죽을 때는 외로이 혼자라고 할지라도

독일의 시인 오피츠Martin Opitz의 시가 보여주듯이 죽음은 죽은 사람에 관한 것이 아니라 죽음을 외롭고 홀로 맞아야 할 나의 것으로, 살아 있는 사람에 관한 것이다. 현대는 개인이 속내를 숨기고 냉담한 태도를 유지하도록 만들었지만, 또 다른 대체 방법을 개발하기에 이르렀다. 앞서 언급한 것처럼 스마트폰과 메신저, 페이스북, 트위터 등의 SNS가 바로 그것들이다. 사람들은 이 서비스에 중독되어 잠자는 시간에도 버림받지 않고 어둠 속의 누군가로부터 구원의 손길을 얻으려 한다. "빨리 빨리"라는 말에 익숙해져 가면서 더욱 빠른 전자기기와 유능한 휴대폰에 중독되면서 한가로움이 천대받고 고독을 잊게 해주는 듯하지만, 손에 쥔 기기를 눌러대는 나의 손가락은 고독으로 절규하는 소리 없는 몸짓이다. 이것들을 놓으면 손을 어디에 두어야 할지 모르는 금단현상이 일어날 것이다. 소비사회가 내려 준 풍요의 축복 속에 인간은 자유로움과 마찬가지로 고독을 홀로 견뎌야 하는 조건 속에 놓이게 되었다. 혼자 있을 때 감당해야 하는 고독의 무게는 자유와 풍요의 대가만큼 더 깊어질 것이다.

이러한 증상은 막상 타인에 대해서는 무관심해지게 만든다. 몰인정한 객관성은 대도시에 피어난 정신이다. 짐멜Georg Simmel에 따르면 이것은 급속도로 바뀌는 외부 환경의 흐름과 그 모순들로부터 자신의 삶이 위협받는 것을 방어하기 위한 장치이다. 신경과민을 대체하는 방식인 무감각이 살길이 된 것이다. 동시에 반감이나 상호 적대감, 반발심에 대한 대체 태도로서 지적이고 상호 무관심하며 속내를 드러내지 않는 냉담한 태도가 나타난다. 대도시에서 적응하려면 이러한 보편적 정서에 적응해야 한다. 비록 군중 속에서 외롭고 쓸쓸하다고 여겨지기도 하지만, 강물에 휩쓸려가듯이 저절로 떠밀려 가는 삶 속에서 더 편리해진 부분도 있고 그만큼 자유로움도 따랐다. 그 자유로움은 어쩌면 외부로부터 결정되고 조립되었으면서도, 인간은 여전히 스스로가 자율적이며 자발적인 의식을 가졌다고 믿고 있다.

그렇기 때문에 엘리아스Norbert Elias가 《죽어가는 자의 고독》에서 지적한 것처럼 인간은 자신을 개별 존재인 고립된 주체로 간주한다. 나를 제외한 타인을 포함한 전체 세계는 외부세계이며 나와는 단절되어 있기 때문에, 죽음은 '신비'나 '무'의 개념으로 투사되면서 사회와 절연되었다. 그렇게 타인의 죽음을 무관심한 것으로 만들면서 정작 자신의 죽음도 예측하지 못한다. 이렇게 소외된 죽음은 다시 삶을 소외시킨다. 바타유의 말처럼 출생과 사망, 또는 특정 사건들이 다른 존재의 관심을 끌 수는 있지만 그 사건들에 직접 관계하는 것은 나 자신뿐이다. 나는 혼자 태어나고, 혼자 죽어야 한다. 우리라고 묶인 사람들 중에 한 명이 죽는다면 그것은 그 사람이지 내가 아니다. 이 갈라놓음이 하나의 존재와 다른 존재 사이에 뛰어넘을 수 없는 심연이 있다는 사실을 가장 강력하게 보여준다. 이 깊은 간격은 피할 수 없는 심연을, 허무를, 그리고 고독을 자아낸다.

　　대도시의 정서 속에서 죽음에 대처하는 방식은 냉담하며 신속하게 이루어진다. 대도시야말로 죽음을 변장시키고 비-죽음만을 보여줘야 할 장소라 여겨진다. 물론 대도시에 산다고 해서 사람들의 모든 감정적 관계가 메말라 있다는 것은 아니다. 개별적인 관계의 감정은 개성에 의존한다. 그러나 감정이 아닌 지적인 관계에서 사람들은 모든 것을 객관적으로 인지하게 된다. 개인적 감정에 의해 반응되었을 타인의 죽음은 그렇게 도시의 지적인 태도의 유형 속으로 일소되었고, 그렇게 해서 행해지는 애도와 장례 절차는 품위 있고 간결하게 대행된다. 시골에서나 행해질 법한 시끌벅적한 사흘간의 장례는 속도와 효율성을 중시하는 현대인에게는 여유로움이며 한가로움일 뿐이다. 그런 이유 때문에 편리한 병원과 상조 회사의 장례 처리 과정은 긍정적인 의미로 수용되었다.

그러나 대도시의 관리된 감정이라 해도 나와 가족, 혹은 가까운 이웃에 대해서만큼은 이기주의적일 만큼 정서적 관계로 맺어져 있다. 우리의 감정은 점차 나와 내 가족, 그리고 친구나 가까운 이웃에게로 축소되어 있다. 그렇기 때문에 가까이에 도사리는 돌발적 살해와 폭력은 다름 아닌 바로 나와 가족, 혹은 가까운 이웃에 대한 위협이다. 예측할 수 없는 미지의 것으로부터 폭력의 위협이 도사리기 때문에 더욱 속수무책일 수밖에 없지만, 가족이, 가까운 이웃이 폭력의 희생자가 된다면 나 자신의 고통은 물론이거니와 절박해질 수밖에 없다. 이것이 문을 나서는 순간에는 물론이거니와 심지어 집에 있는 동안조차 현관문의 잠금장치를 다시 확인하게 되는 이유이다. 따라서 죽음 이후 내가 사라져버리고 말 것이라는 존재론적 불안보다 먼저 가해질 고통과 공포로 죽음이 두려워지는 것이다. 그것은 마치 죽음 자체가 무서운 성질을 가진 것처럼 느끼게 만든다.

그렇기 때문에 나와 상관없는 이카로스를 돌아보는

것은 어려운 일이다. 타인의 죽음은 그렇게 나에게 극적이지 못하다. 나는 나의 삶을 지속시키는 일에 최선을 다해야 하기 때문이다. 〈아이러니〉에서 죽음에 근접한 노인에게 말을 건넸던 젊은이는 노인에게 발목이 잡히면서 불행함을 느낀다. 같은 또래의 친구들과 영화를 보러 가기로 한 약속을 뿌리칠 수 없는 것은 괴테가 말한 대로 "젊은이는 무리에 강하고 노인은 고독에 강하다"는 이유 때문만은 아니다. 젊은이가 지속시켜야 할 삶의 지평이 노인의 것과는 공유될 수 없기 때문이다. 〈3인의 생자와 3인의 사자〉에서처럼 "당신들의 모습이 과거 우리의 모습이었고, 현재 우리의 모습은 미래 당신들의 모습입니다"라는 경고성 말은 두 삶의 공존에 대한 것이 아니라, 젊은이의 현재 삶이 죽음을 담보로 한 것이라는 사실에 대한 각성을 돕고자 한 것이다. 따라서 죽음에 근접한 노인과 노인에게 붙들려 뿌리치지도 못하는 젊은이는 둘 다 불행하다.

반신이 마비되면서 그동안 활동을 좋아하고 수다스럽던 정상적인 삶을 버리고 '침묵'과 '무위'를 강요당하게 되면서 홀로 지내는 처지에 빠진 노인은 노인에게 관심을 보이는 젊은이를 만난 이후 자신의 모든 하소연을 늘어놓기 시작한다. 그러나 자신의 이야기를 들어주는 누군가가 나타나자 노인은 한탄을 하고 결국에는 유일하게 자신을 알아줄 이 청년에게 매달린다. 젊은이는 노인의 모든 상황을 귀로 들어 경험하게 되고 고통으로 가슴이 저릿해진다. 기도에만 매달리는 어머니를 향해 "이젠 정말 지겹다니까 요"라고 말하는 딸과 "저도 늙으면 알 테지"라는 노인의 말은 시간 속에서 다르게 찾아오는 죽음을 이해하지 못하는 다른 세대의 심정을 극명하게 보여준다.

청년의 방문이 계속되자 이제 신이 아니라 '인간 세계 안에서밖에 안식을 얻을 수가 없다'는 사실을 깨닫게 된 노인에게 청년만이 유일한 희망이 된다. 노인은 혼자 남겨지는 것이 싫었고 무섭기까지 했다. 청년을 꼭 붙잡지 않으면 노인은 다시 예전처럼 어둠 속에 들어가 지긋지긋한 고독과 시간이 흘러도 도무지 오지 않는 잠에 시달려야 한다. 그런데 바로 이 순간에 청년은 영화관에 갈 친구들을 기다리게 하는 자신의 처지에 대해 가장 참담한 불행을 느낀다. 카뮈가 제목에서도 적절히 보여주듯이, 노인을 동정했던 청년의 첫 마음은 바로 자신을 불행하게 만든 원인이 된다. 청년은 절대로 노인을, 그리고 늙음을 이해할 수 없었다. 결국 도망치듯 노인을 뿌리치고 자리를 빠져나왔지만 청년은 떨칠 수 없는 후회로 괴로워한다. 노인은 노인대로 자신을 보호해줄 어떤 것도 더 이상은 없다는 사실에 눈물을 흘린다. 카뮈는 이 양립할 수 없는 두 사람의 처지가 바로 '진실'이라고 말한다. 누구에게나 찾아오는 죽음이지만 각자에게는 저마다인 죽음, 이것이 인간의 운명인 것이다. 젊은이가 노인을 뿌리치고 나온 뒤에 후회로 괴로워했다는 사실이 유일하게 희망적일 따름이다.

이마저 오늘날에는 불가능한 대화이며 희망이기 때문이다. 오늘날의 노인에게는 현재와 희망 없는 미래를 다독여 줄 유일한 장난감이 TV밖에 없다. 보잘것없는 좁은 거처라도 큼직한 TV가 차지하는 것은 이러한 이유에서다. 이와 반대로 〈아이러니〉에 나오는 노인의 집에는 딸이 있고, 딸의 친구들이 오고간다. 노인이 어둠 속에서 고독하게 살고 있다 해도 오늘날과 같이 완전히 격리 수용되는 것은 아닌 것이다. 무위의 삶과 종교에 기대어 기도만 하는 어머니를 지겨워하지만 노인에게는 딸이 있고, 말 한마디 따뜻하게 건네줄 누군가가 잠시 다가오기도 한다. 그리고 보들레르의 시 한 구절처럼 "늙어빠졌으나 귀여운" "저 쪼그라진 괴물들도 옛날엔 여인이었겠지"라고 하면서 시선을 던져주는 사람이 있을 수도 있다. 물론 자신을 완전히 이해해줄 누구도 없다는 사실로 인하여 더 큰 좌절감과 공포가 노인을 둘러싸기도 할 것이다. 그러나 적어도 죽음이 은폐된 것은 아니다. 오늘날의 죽음 은폐 현상은 수족을 쓰기 힘든 노인을 격리하는 것으로 정상적인 일상의 삶과 공인된 사회 활동의 참여를 빼앗아버린다. 더불어 산다는 맥락이 사라지면서, 일반 사람들이 죽음을 접할 경험도 마찬가지로 줄어들었다.

그러나 이카로스를 돌아본다는 것, 그 자체가 타인의 죽음과 관계를 맺는 행동이다. 그것은 무관심에 익숙해진 나를 '자유로워지라'고 깨우는 나의 의지이다. 이렇게 되면 타인의 죽음을 목격하고 돌아보는 것은 나와 직접적인 관계에 있는 바로 옆의 가까운 이웃에게만 한정되지 않는다. 먼 곳에서 일어난 것이라고 해서 일상적 의식으로 침입하지 않는 것이 아니다. 가해진 폭력의 종류 및 형태들이 나의 일상생활 깊숙이까지 파고들기도 한다. 이렇게 해서 각인되는 타인들의 얼굴은 찡그리거나 두려워할 것이 아닌, 생각에 잠기게 만들면서 파괴력을 갖는다. 죽음이 드리운 타인의 얼굴은 죽음과 먼 것 같은 나로 하여금 "죽음이 무엇인가?"에 대한 질문을 던지게 만든다. 타인의 죽음과의 정서적 관계는 보이지도 않고 객관화되지도 않는 미지의 것 안에서의 '타자에 대한 응답과 책임'으로 나타난다. 모르는 타인의 죽음이 나의 시선에 잡히고 시야 안으로 들어오면, 이 가까움이 타자에 대한 죄책감과 책임의식을 불러일으킨다.

아무 죄책감도 없이 심심해서 살해를 계획했다는 십대들의 장난감이 되어버린 죽음 또한 그동안의 무책임한 흥미 외에 아무것도 느낄 수 없었던 나의 죄책감을 일깨운다. 가상 게임이 끝난 현실에서 권태로 치를 떠는 아이들에 의해 살해된 청년의 얼굴이 이 세계 속에 나와 함께 몸담고 있는 이웃이기 때문이다. 레비나스Emmanuel Levinas*에 의하면 타자의 죽음에 대한 응답 없이는 결코 죽음의 전체적 의미를 추측할 수 없다. 현실에서 내가 나 자신이 될 수 있는 것은 전적으로 타자에 대한 응답이자 책임에 의한 것이다. 대도시 속의 이성적인 기술의 대상이라 해도 나는 진실의 윤리적 주체다. 이 세계에 이 양도할 수 없는 책임을 의지로 떠안는 것이 내가 나에게 부여하는 삶의 의미인 것이다.

한나의 물음

그러나 타인에 대한 책임과 윤리의식은 개인의 '무지'에 따라 다르게 나타날 수 있다. 바우만의 지적처럼 오

---

*   레비나스는 《시간과 타자》에서 우리에게 닥쳐오는 죽음을 계획을 세울 수 없는 '사건'임에 주목한다. 이것이 바로 죽음이 가지고 있는 폭력성이며, 따라서 여기에는 두려움과 절박성이 따를 수밖에 없다. 이렇듯 미지에서 찾아오는 죽음의 위협에 대해 할 수 있는 것은 아무것도 없기 때문에 두렵지만, 나의 죽음을 앞서는 타자의 죽음을 통해 나의 윤리적 자각을 일깨울 수가 있다. 타자의 죽음은 나에게 영향을 미치면서 정서적인 동요를 일으키고 관계하도록 한다. 레비나스는 또한 《신, 죽음 그리고 시간》에서 타자의 죽음에 대해 나 자신을 여는 것, 타자의 죽음에 가까이 다가가는 것에서부터 나의 인간성이 열린다고 주장한다. 이렇게 해서 타자에 대해 무관심할 수 없게 만들며 나를 타자로 이끌어 죽음의 구체적 사유를 가능하게 한다는 것이다.

로지 자기 자신만의 안녕을 추구하기 위해 타인을 구하는 일을 거부했거나 방치했을 경우 결코 자신을 용서할 수 없을 양심의 문제는 개인이 처한 운명과 그에게 떨어지는 우연한 사건들에 의해 전혀 다른 양상을 띨 수 있다. 슐링크 Bernhard Schlink의 소설 《책 읽어주는 남자》(1995)는 '양심의 가책'보다 '책임'과 '의무'에 의거한 선택의 문제를 생각하게 만든다. 빈 마을의 교회에는 폭격이 가해져 불이 나고, 그 불은 탑으로부터 지붕으로, 그리고 들보로 옮겨지면서 실내로 무너져 내린다. 수백 명의 여성 수감자들이 감금되어 있는 교회는 문이 잠겨 있었다. 감시원들은 자신들을 지휘하는 지휘관과 경비대가 떠나버린 상황에서 어찌할 줄을 모른다. 명령에 의해서만 움직였던 감시원들은 수감자들에 대한 '감시' 책임을 지고 있다. 만약 문을 열어주면 혼란이 있을 것이고 다시금 질서를 바로잡는 일은 어려워질 것이다. 이러한 결정이 교회 안에 갇힌 수감자들을 모두 불타 죽게 만든다.

홀로코스트의 과거사 재판은 인류가 겪은 심리적 상처에 대처하는 방법에 대한 것이고 국가 전체를 대신해서 책임을 떠맡아야 하는 개인에 대한 죄책감에 대한 것이다. 이러한 밑그림 위에 사건의 전말은 개인 각자의 기억과 의견이 개입된 진술에 의해 상당 부분이 달라질 수 있다는 사실을 보여준다. 감시원은 지시를 따랐고, 한 명의 지휘관 말고는 어디로부터 지시가 내려오는지도 알 수 없었다. 수감자들은 감시원들 외에는 아무것도 볼 수도 알 수도 없었다. 게다가 감금되어 있었기 때문에 밖에서 일어나는 일에 대해 알 수가 없었다. 소녀들이 밤마다 불려나가 무엇을 했는지, 그 소녀들이 불려나갔다 돌아와 자신들이 당한 일에 대해 어떻게 수감자들에게 전달했는지에 대한 진실의 여부는 중요하지 않았다. 살아남은 수감자들의 기억 방식에 따라, 그리고 검사들의 의도된 진술에 따라 전혀 다른 진실이 생성되었기 때문이다.

한나는 지멘스 공장에서 모집 중이던 경비대에 자진 등록했고 채용된다. 감시원으로 일했던 아우슈비츠의 외곽 수용소에서 그녀에게 중요했던 것은 명령과 규칙, 그리고 질서였다. 그것은 죽음 앞에 있는 타인이 명령과 규칙, 질서보다 중요하지 않았기 때문이 아니다. 한나에게는 명령과 규칙, 질서만이 어느 것과도 비교할 수 없는 것이었다. 따라서 지휘관이 없는 상태에서 그녀는 어떻게 해야 할지 몰랐던 것이다. 재판장이 "당신은 왜 문을 열어주지 않았습니까?"라고 질문하자 한나는 "무슨 일을 해야 할지 몰랐습니다"라고 하면서 자신이 맡은 일이 감시였기 때문에 "그들을 도망치도록 두어서는 안 되었습니다"라고 답한다.

한나를 비롯한 감시원들은 수감자들을 그렇게 간단히 도망치도록 내버려둘 수 없는 입장이었다. 그들은 수감

영화 〈더 리더: 책 읽어주는 남자〉(2008) 중에서

당신 같으면 어떻게 하셨겠습니까?

불이 난 교회에 갇힌 수감자들에 대해 재판장이 "왜 문을 열어주지 않았습니까?"라고 질문하자 한나는 "무슨 일을 해야 할지 몰랐습니다"라고 대답한 후, 자신이 맡은 일이 감시였기 때문에 "그들을 도망치도록 두어서는 안되었습니다"라고 덧붙인다. 한나는 자신이 겪은 특별한 상황에서 정말로 어떻게 해야 했는지를 알지 못했다. 그래서 재판장에게 "당신 같으면 어떻게 하셨겠습니까?"라고 되묻는다.

자들에 대해 책임을 져야 했다. 수용소 안에서 행군할 때도 줄곧 감시해왔으므로 수감자들을 감시해야 하고 또 수감자들을 도망치도록 두어서는 안 되었다. 법정에 피고로선 감시원들은 무자비와 무관심, 불감증의 마비 증세에 사로잡힌 것 같았다. 이러한 마비 상태는 법정에 있는 법집행자들과 배심원들에게까지 번져 각자의 위치에서 화석화되어 입장을 상대화시키는 것이 불가능해졌다. 죄를 지은 사람들과 죄를 벌하는 사람들로 경계가 분명해진 것이다. 이처럼 도망치도록 두어서는 "안 되었던"의 어조는 "마음만 먹으면 풀어줄 수 있었으나"의 어조와 대립된다. 한나는 '안 되었던' 입장에 있었고, 법정의 모든 사람들은 '마음만 먹으면 풀어 줄 수 있었으나'의 입장에만 있었다. 이미 결정한 반대 입장에 있었기에 법 집행이 가능할 수 있었다. 한나는 자신이 겪은 특별한 상황에서 정말로 어떻게 해야 했는지를 알고 싶어서 재판장에게 "당신 같으면 어떻게 하셨겠습니까?"라고 묻는다.

우리가 한나의 입장에 서게 될 경우, '명령'과 '규칙,' '질서'라는 원인과 '문을 열어주지 않았다'는 결과의 연결만 가지고 악의 존재를 설명할 수 있다고 믿기는 힘들다. 우리는 설명하고자 하는 것이 아니라 정당화시키고자 할 것이다. 정당화시키는 것, 그것 역시 피고가 되는 한 명의 책임자를 지목하면서 사건을 합리화시키는 것이다. 또 그에게 자신의 과오를 인정하도록 요구함으로써 그 과오를 돌이킬 수 있는 방법을 그에게 제시하거나, 그렇게 하도록 돕는 것이다.

수용소에는 지휘관 한 명과 그 밖의 다른 여자 감시원들, 그리고 일련의 임무 및 명령 서열이 존재했다. 수감자들은 이러한 체계를 부분적으로만 접하고 이해할 수 있었을 뿐이다. 명백하게 특수한 상황을 일반화시킬 수는 없다. 어쩌면 "그러니까 내가…… 내가…… 지멘스에 취직하지 말았어야 했다는 말인가?"라는 독백처럼 그녀가 지멘스에 취직한 것이 잘못이었다면 잘못일 것이다. "목사관에 폭탄이 떨어졌을 때 나는 부상을 입었다"거나 "폭탄이 떨어졌을 때 나는 공포에 사로잡혀 있었다"거나 "나는 교회에서 불이 난 것을 보지 못했다"와 같은 다른 피고들의 대답은 그들의 변호사들이 한나에게만 죄를 뒤집어씌우기 위한 전략이었다. 그러나 한나는 자신의 발언과 다른 사람들의 발언을 유죄와 무죄, 유죄 판결과 무죄 판결의 실마리로 삼을 수 있는 법칙들에 대해서 아무런 의식이 없었다. 법정의 진술과 집행 과정은 선별된 정황과 증언에 의한 하나의 논리적 진실만을 만들어 내는 데 집중되어 있다. 그것은 '합당한'이라는 형용사의 의미를 한 사람에게 맞출 유죄 판결이었다.

자신이 어떤 판결을 받을지 알 수 없는 상황에서도

사형당할 수 있다는 사실보다 글을 읽고 쓸 줄 모른다는 사실이 한나에게는 중요했다. 그 사실을 감추기 위해 자신에게 죄를 뒤집어씌우는 데 급급한 법정의 모든 사람들에게 자신이 쓰지도 않은 보고서를 썼다고 시인할 만큼 그녀는 글을 읽을 줄도 쓸 줄도 모르는 사실에 수치심을 품고 있었다. 마침내 자신을 희생양으로 몰아붙이려는 음모에 한나가 "전문가까지 부를 필요는 없습니다. 제가 그 보고서를 썼다는 사실을 시인합니다"라고 말한다. 이처럼 한 사람에게 있어 중요한 가치는 꼭 반드시 다른 사람의 것과 보편적으로 동일하지는 않다. 물론 그녀가 글을 읽고 쓸 줄 모른다는 사실은 모든 사회계약과 문서 중심의 사회에서 중요한 사항이다. 그렇다 하더라도 사람들은 그 사항이 죽는다는 문제보다는 쉬운 것이라고 생각한다. 한나에게는 죽는 것이 쉬웠기 때문이 아니라 평생 동안 간직해온 비밀을 털어놓는 것만큼 무서운 일이 없었기 때문이다.

　이로써 한나는 종신형을 받는다. 국가 전체의 면죄부를 위한 희생양으로 법정은 한나를 지목한 것이다. 방청석은 자신들이 피해자라도 되는 듯 조롱과 격분으로 가득했다. 한나야말로 자신들의 부모 세대가 저지른 죄를 고스란히 비쳐주는 치부나 다름없었다. 그러나 처벌은 죄를 지은 특정한 사람에 대한 손가락질은 될 수 있어도 범행을 방관하고 묵인하며 수용한 독일 모든 세대에 대한 수치심을 극복하게 만들지는 못했다.

한나에게는 '특별한 상황'과 '지시' 및 '명령'이 있었을 뿐, 변명이나 합리화, 혹은 거짓이 없었다. 심문에 대한 그녀의 끈질긴 태도는 자신의 무죄를 주장해야 하는 법정 상황에는 어울리지 않는 것이었다. 그녀는 사실을 시인해야 한다는 의무감에 사로잡힌 듯 어떤 심문에 대해서는 끈질기게 반박하고 때에 따라서는 기꺼이 시인했다. 한나가 겪었을 혼란스럽고 난감한 상황은 상상될 수는 있어도 용인되어서는 안 되는 것이었다.

그런데 소설은 한나의 유죄 판결을 사건의 종결로 놓지 않는다. 한 소년이 있었으며, 한순간에 영원히 사라져 버린 사랑은 한참 동안 소년을 고통스럽게 만들었다. 소설 1부는 서른여섯의 여자에게 책을 읽어주는 것으로 여자와 사랑을 맺는 소년 미하엘의 사랑에 대한 것으로, 어느 날 여자가 사라지면서 끝이 난다. 2부는 과거의 나치 강제수용소 재판의 법정에 한나를 가해자로 세운다. 이 법정에서 청년이 된 소년은 한나를 다시 보게 된다. 미하엘은 단지 사랑으로만 점철된 연민이 아니라 한나라는 사람에 대해 잘 알고 있었기 때문에 그녀를 이해할 수 있다는 사실에 대해 고통을 느낀다. 그의 이해와 관심은 사건의 구석구석까지 파고들면서 진실을 보게 하는 근거가 된다. 우리는 보통 개별의 타인을 알지 못하며 그렇기 때문에 무관심하다. 그리고 모든 정황에 대해 개연성과 그럴듯함을 볼 뿐이다. 한나가 수감된 지 18년째 되는 해에 사면이 결정되고 나서 마침내 만난 한나가 했던 말에는 이 점이 잘 나타나 있다.

나는 그 누구도 나를 이해하지 못하고, 그 누구도 내가 누구인지 그리고 그 무엇이 나로 하여금 이런저런 일을 하게 만들었는지 알지 못한다는 느낌을 받았어. 그리고 넌 알 거야. 너를 이해하지 못하면, 그 누구도 너한테 해명을 요구할 수 없다는 사실을 말이야. 그렇기 때문에 법정 역시 나한테 해명을 요구할 수 없었어. 하지만 죽은 사람들은 내게 그것을 요구할 수 있어.

이 말에는 '선/악' 이외의 어떤 다른 것도 고려되지 않았던 마비된 법정의 분위기가 고스란히 담겨 있다. 그녀는 어떤 말로도 법정의 사람들을 이해시킬 수 없다는 사실을 알고 있었던 것이다. 재판의 힘겨운 싸움도 필요 없이 한나는 이미 죄인으로 정해져 있었다.

한나는 아우슈비츠 수용소와 다른 수용소에 배치되어 일했으며 전쟁이 끝난 후 여기저기 옮겨 살았다. 그리고 가장 긴 기간을 보낸 곳이 바로 미하엘이 살던 마을이었다. 그리고 소년에게 그토록 집요하게 책을 읽어 달라고 했던 것은 그녀가 글을 읽고 쓸 줄 몰랐기 때문이었다. 읽고 쓸 줄 모른다는 비밀을 간직한 한나는 법정 진술에 대해서는 끈질길 정도로 솔직하다. 그러나 글을 읽고 쓸 줄 모른다는 자신의 비밀이 폭로될까 봐 은폐된 진짜 비밀을 묻어버리고 죄를 시인한다. 소설은 미하엘이 한때 사랑했다는 이유로 한나의 죄를 가볍게 만드는 데 초점을 맞추지 않는다. 대신 개인의 삶에 대해, 범죄자로 판결받은 사람의 삶도 조명하고자 했다. 그리고 한나에 대한 미하엘의 윤리 의식이 더불어 포함되었다.

나는 한나의 범죄를 이해하고 싶었고 동시에 또 그에 대해 유죄 판결을 내리고 싶었다. 하지만 너무나 두려웠다. 그녀의 범죄를 이해하려고 할 때마다, 나는 그녀의 범죄에 대해 당연히 내려야 할 합당한 유죄 판결을 결코 내리지 못할 것 같은 느낌을 받았다. 그리고 그녀의 범죄를 이해할 수 있는 한 뼘의 공간도 남지 않았다. 그러나 나는 한나를 이해하고 싶었다. 왜냐하면 그녀를 이해하지 못한다는 것은 또다시 그녀를 배반하는 것을 의미하기 때문이었다. 나는 그 두 가지 문제를 해결할 수 없었다. 나는 이해와 유죄 판결, 이 두 가지에 대해 나름대로 입장을 취해보려고 했다. 하지만 그 두 가지를 동시에 할 수는 없었다.

한나가 종신형을 선고받고 수감된 지 8년째가 되었을 때부터 미하엘은 책을 읽어 녹음한 테이프를 카세트와 함께 한나가 수감된 곳으로 보낸다. 그리고 18년째가 되는 해까지 녹음 테이프가 담긴 소포는 한나에게 계속해서 전달된다. 소포를 보내기 시작한 4년째 되던 해에 한나는 미하엘에게 한마디 인사 편지를 보내온다. 그녀가 글을 배우기 시작한 것이었다. 유보되기는 했으나 정상적인 삶을 벗어나 교도소에 있어야 하는 한나는 죽음을 앞둔 사람과 다름없다. 사면은 한나의 미래적 죽음보다 더 멀리 있는 사항이었기 때문이다. 이렇게 해서 한나는 희망 없는 미래와 상관없이 현재를 살아냈고, 미하엘은 한나와 같은 문맹자가 주소를 찾는다거나 레스토랑에서 메뉴판의 음식을 고를 때 느낄 수 있을 당혹감 같은 일상에서 겪는 문제들에 대한 글들을 최대한 구해 읽는다. 그리고 글을 읽고 쓸 줄 모른다는 사실을 감추기 위해 소모할 정력에, 그리고 그로 인해 실제 삶에 있어 얼마나 많은 에너지가 상실될지에 대해 상상하고 이해하기 시작한다.

그리고 한나에 대한 그의 이해는 그녀가 죽은 이후에도 계속된다. 사면되기로 한 날 한나가 목을 맨 후 남긴 모든 돈을 '문맹 퇴치를 위한 유대인 연맹'에 송금하고도 10년의 세월이 더 흐를 때까지 한나와 자신의 이야기는 그가 겪는 현재의 상처나 죄책감, 그리움과 향수를 과거로 환원시킨다. 인생의 층위들은 서로 밀집되어 쌓여 있기 때문에 나중의 것에서 늘 이전의 것을 만나게 되듯 한나의 이야기는 미하엘에게는 언제나 현재적인 것이 되었다. 그렇게 한나의 삶과 죽음은 통틀어 미하엘의 삶에 침투되었다.

이렇게 해서 한나의 문제는 국가 전체의 죄책감을 개인에게 속죄시키는 방식에 대한 비판을 넘어서, 한 개인이 타인에 대해 깊이 이해하고 사랑하는 문제로까지 확장된다. 결코 타인에 대해 깊은 관심을 기울이지 않는 우리에 대한 반성이 미하엘로부터 일어나는 것이다. 미하엘과 비교했을 때 현대인은 냉담하고 무감각하며 무기력하다는 보편적인 특성에 의해 자기 자신의 삶을 매몰시킨다. 자신에게 몰두해 있지만 진정으로 원하는 것이 무엇인지 정확히 알지 못하며 죽음의 주제에도 무관심할 뿐만 아니라 외부 세계에 대해서도 폐쇄적이다. 폐쇄적이지만 폭로를 좋아하고 쉽게 분노한다. 통계에 의한 이 보편성에 나를 끼워 맞추면서 개성 없는 보통의 '에브리맨'이 된 것이다.

타인의 얼굴

그러나 여전히 불이 나는 교회 밖에서 "어떻게 했어야 했는가?"라는 한나의 질문이 남아있다. 한나의 질문은 타인의 윤리의식에 문제를 제기한다. 어떤 답이 하나의 진리로 소급될 수 있을까?

법정 안의 사람들과 달리 독자들은 이미 한나를 용서했을 것이다. 독자들은 한나의 억울함, 끈질긴 솔직함, 그리고 그녀가 글을 읽고 쓰지 못한다는 특수 상황으로 인하여 또 다른 희생자가 되었다는 사실을 알고 있다. 그러나 무엇보다 독서의 특수성에 의해 관대해진다. 소설의 자율적 선택과 독서는 독자로 하여금 실제 삶에서보다 감정을 열게 만드는 힘이 있다. 다시 말해, 한나는 독자와 정서적 관계로 묶이게 된다. 따라서 한나가 처한 특수 상황에 대한 그녀의 진술이 거짓으로 내몰린다는 인상에서 한나에 대한 독자의 연민이 가능해지는 것이다.

그렇다면 유대인의 인종 말살은 단지 권력을 잘못 잡은 한 개인의 미치광이짓이었으니 명령을 따른 한나의 죄가 용서될 수 있을까? 이 질문에서 우리는 또 하나의 윤리적 문제에 부딪치게 된다. 양심과 무지의 문제를 개입시키더라도 수감자들에 대한 그녀의 방관은 합리화될 수 없다. 그러나 권력을 손에 쥔 한 개인의 '품위 없는 삶들을 종식시키려는' 계획은 하나의 전략에, 목적성에, 권력에, 그리고 논리에 의해 '유대인'이라는 이름을 대중의 주체성 속에 설정했다.

개별적으로든 집단적으로든, 많은 사람들이 다소 의식

적으로 '이방인은 모두 적이다'라고 생각할 수 있다. 이러한 확신은 대개 잠복성 전염병처럼 영혼의 밑바닥에 자리 잡고 있다. 그것은 우연적이고 단편적인 행동으로만 나타날 뿐이며 사고 체계의 밑바탕에 깔려 있는 것은 아니다. 하지만 그러한 일이 발생하면, 그 암묵적인 도그마가 삼단논법의 대전제가 되면, 그 논리적 결말로 수용소가 도출된다. 수용소는 엄밀한 사유를 거쳐 논리적 결론에 도달하게 된, 이 세상에 대한 인식의 산물이다. 이 인식이 존재하는 한 그 결과들은 우리를 위협한다.

프리모 레비

품위 있는 삶들을 위해 품위 없는 삶들을 종식시키는 임무는 바로 그 임무를 자의적으로 떠맡은 개인에게 주체의 위치를 보장했으므로 가능할 수 있었다. 그러나 품위 없는 삶의 정의는 죽음을 단순히 무의 상태로 바라보는 독단적인 태도에서 기인한 것은 아닐까? 품위 없는 삶을 더이상 존재하지 않아도 되는 것으로 단정지으면서 살해는 합리화되고 정당화될 수 있었다. 유대인 몰살은 유대인을 악으로 놓는 선/악의 이분화된 도식 방식에 의한 독일 전체의 윤리가 발명했을 뿐만 아니라 죽음에 대한 사유에서 타자에 대한 윤리적 고려가 결여되어 나타나는 타자에 대한 존재론적 폭력이기도 하다. 국가 전체 선의 명목 하에 개인의 죽음은 그렇게 묵인되었다.

지휘관의 지시가 사라진 순간에 한나가 판단할 수 있었던 것은 불에 타서 죽어가는 타인에 대한 양심의 가책이 아니었다. 감시원들에게 수감자들은 윤리적으로 고려해야 할 대상이 아니었다. 감시원들에게 수감자들은 자신들과 동일하지 않은 다른 종류의 인간들이었다. 다른 감시원들이나 지휘관과 같은 동질의 타인이 아니었던 것이다. 그 사실은 이미 규명되어 있었다. 타인에 대한 차이를 인정한다는 것은 나와 같은 위치의, 내 마음에 드는, 나만큼 문명화된 동질의 주체인 바로 그런 타인에게만 가능한 인정이었다. 그 사실이 재판장의 "왜 문을 열어주지 않았습니까?"라는 질문에 한나가 극도로 혼란스러워한 이유이다. 그녀에게는 '사람이 해서는 안 되는 일들이 있다'는 것에 대한 것이 아니라 '자신의 특별한 상황에서 그녀가 어떻게 행동해야 했는지'가 훨씬 더 중요했다.

행위를 하지 않은 것으로 한나는 행위를 한 것이다. 그것은 그녀가 따르도록 강요된 삶의 형태였다. 그 마비된 특수 상황에서 자유는 없었을 것이다. 따라서 책임도 없다고 말할 수 있을지 모른다. 그러나 달리 생각해보면 한나에게는 자유가 있었다. 자유에 의해 행위를 한 것으로 간주해야만 할 의무가 있었던 것이다. 물론 판사에게 질문한 것처럼 그녀가 무엇을 어떻게 해야 할지 몰랐다는 사실은 거짓말이 아니다. 그녀는 명령과 규칙, 질서 외에 그 어떤 것도 생각해낼 수가 없었기 때문에, 수감자들을 이 세계에 함께 몸담고 있는 운명의 공동체로 바라보지 못했다. 그렇다고 그녀가 몰랐다는 사실이 합리화되는 것은 아니다. 불가피한 상황이었다는 결정론적인 인과성은 스스로 부여하는 "자유로워지라"는 명령에 의해 오히려 배제되어야 할 것이다. 따라서 그녀가 무엇을 어떻게 해야 할지 몰랐다는 것 때문에 타인을 죽어가도록 방관한 책임에서 그녀를 벗어나게 할 수는 없다.

〈운명과 성격〉에서 바우만이 지적한 것처럼, 개인의 '성격'은 통계적인 개연성을 거역할 수 있다.[*] 처해 있던 특수 상황의 전능한 힘을 운명이라고 체념하지 않고 저항하는 것은 개인의 성격이다. 달리 말해, 체념하듯 수용하는 태도와 상황이라는 그 전능한 힘을 거역하겠다는 대담한 결단 사이에 바로 '성격'이 자리 잡고 있는 것이다. 희생자들에 대한 양심의 가책이라는 고통이 나의 행동의 동기가 되는 것, 그것은 내가 대다수의 사람들과 달랐기 때문이 아니라, 그들의 고통을 내버려 두고서 겪을 나 자신의 정신적 고통을 막는 방법이기 때문이다. 그 사실을 인식하

---

[*]   지그문트 바우만, 《고독을 잃어버린 시간》, 조은평·강지은 옮김, 동녘, 2012 참조.

느냐 아니냐에 따라 개인의 인생은 아주 다르게 창조될 것이다.

우리가 속해 있는 대도시 형태들이 호감을 주든 그렇지 못하든 방관자의 태도로만 바라볼 수는 없다. 짐멜의 지적대로 대도시의 힘은 이미 거대하게 움직이고 있으며 우리는 그 속에 하나의 세포처럼 덧없는 존재이다. 비록 그 힘이 나를 보편적인 인간성으로 만든 체제에서도 나는 주체로서 정반대운동에 의해 구축될 수 있다. 공사 중인 100층 건물 아래에서, 그리고 포장공사 중인 뜨거운 도로에서 보이지 않는 죽음에 포획되어 있는 타인들을 무관심하게 스쳐 가지 않는 것, 그들을 돌아보는 것에 스스로 자율적인 의지를 부여할 때 세포처럼 덧없는 존재로서의 허무함은 이름에 불과한 것이 된다.

세포처럼 덧없는 인간이지만 우리 시대의 외적·내적 역사는 바로 그 개인의 의지와 투쟁 및 분규로 진화될 것이다. 내가 나 혼자의 존재로서가 아니라 공기를 들이마시듯 외부의 세계를 받아들이는 것처럼, 외재성에 의하여 나 자신의 와해를 전제하면서 나는 나를 구성하기 때문이다. 우리가 공기를 들이쉬듯 세계와 연계되어 있다는 사실은 고의적이든 무의식적이든 외부의 삶을 모방하게 되어 있다. 외부 세계는 그것이 부당하든 아니든 내 삶을 삼키고 따르도록 강요한다.

그러나 그것에 저항하고 거부하면서 동시대의 빛에 눈멀지 않고 어둠을 식별해내는 개인의 자율성과 독자성이야말로 자기 자신만의 개성이나 정체성을 구성하는 길이다. 이렇게 해서 죽음을 발생시킬 폭력에 희생된 타인의 얼굴은 예전처럼 스쳐 보내지 않고 붙들어야 하는 나의 의지가 된다. 의지에서 비롯된 시대의 어둠에 대한 나의 저항과 거부는 타인의 얼굴을 단지 공허한 얼굴로 만들지 않는다. 나의 의지가 나를 끊임없이 호명하는 것이다. 인간의 삶이 90분짜리 영화로 끝날 무엇은 아니지만 나의 삶도 이렇게 창조될 것이다. 단, 영화가 아닌 바로 나의 삶으로써 부당한 것에 항의하고 저항하는 자신의 주장, 자신의 창조로 이루어질 것이다.

마침내 그동안 '평균적 감정'으로만 흘려보냈던 타인의 얼굴이 나를 찌르고 상처로 깊이 파고들면서 나의 삶의 중대한 상황이 될 때; 나는 나의 삶으로 스며드는 미래의 나의 죽음을 인식한다. 레비나스에 따르면 이 미래가 바로 타자이다. 이 타자는 세계에 몸담고 있는 타인들이며 동시에 어떤 명목 아래 스러져가는 그런 타인들이다. 나는 단수적인 개별의 육체로 되어 있지만 내가 사유하는 것은 나 혼자의 것이 아니라 외부의 것들로부터 받아들인 것이기 때문에, 나는 사람들과의 개방성 속에 있다. 타인들에게로 내가 향해 가면서 나는 완전한 나 자신이 될 수 없고 분리된 개인으로 존속할 수도 없다.

　이런 인간의 조건 때문에 "모든 개인이 고립된 개체로서 삶의 의미를 발견해야 한다"는 말로 문제가 해결되지는 않는다. 역설적으로 개인이 자기만의 삶의 의미를 발견하지 못한다면 인간 존재에 대한 무의미성이 제기될 것이다. 비록 외로이 존재한다는 감정의 만연이 개인을 그 자신만으로 독립시켜야 한다는 사회의식에서 나왔지만 개인은 이 절대적인 고독을 견딜 수가 없다. 개인화의 과정을 겪었음에도 불구하고 인간은 더 강하게 공동체적 결합과 친밀함을 동경하기 때문에 삶의 의미란 것도 단수적인 개별 인간이 아니라 타인의 지속적인 현존에 전적으로 의존한다. 따라서 자신의 삶에 대한 의미는 바로 타인들이 부여하고 있다는 느낌과 인식으로 형성되는 것이다. 그만큼 상호 의존성은 커질 수밖에 없다.

　결과적으로 개인이 갖는 삶의 의미는 상호 의존하고 의사소통하면서 집단생활을 하는 사람들에 의해 구성된다. 죽음의 문제에 관여할 때 죽어가는 사람의 경험과 필요, 그리고 그들의 삶의 방식이 고려되어야 하는 것은 그런 이유 때문이다. 타인을 통해 목격하고 바로 그 옆에 내가 있음으로 타인에게 삶의 의미를 느끼게 해줄 때 그런 공동체의 가능성을 열어가는 것이 우리의 삶에 대한 이유이다. 여기서 공동체란 반드시 마을 공동체나 도시 공동체일 필요가 없다. 길을 걷다가 바라보게 되는 위험에 처한 사람 또는 매 맞고 있는 어린아이를 지나치지 않는 것이 나에게 우연적 사건이 아니라 선택적 개입으로 다가온다.

　타인에 대한 윤리는 블랑쇼Maurice Blanchot가 이야기한 대로 죽음을 삶의 효력으로 바꾸어놓는다. 나는 타인의 죽음을 나의 것으로 떠맡게 된다. 막연한 것 같지만 나에게 차오르는 타인에 대한 윤리이며 책임감이고 죄책감이다. 링기스Alphonso Lingis가 이야기했듯이, "나는 타인이 비우고 떠난 자리에서 태어나고 타자들이 걸었던 길들로 내몰린다." 그리고 그런 길 위에서 내가 죽어야 할 운명에 두려움을 느끼는 대신, 타인의 죽음에 관여하고 그들의 죽음과 정서적으로 관계를 맺으면서 나의 죽음을 무가 아닌 삶의 핵심으로 삼을 수 있다. 인간은 누구나 죽는다. 죽어야 할 운명을 육체에 짊어지고 이미 예정되어 있는 죽음을 온몸으로 수용하면서 세계를 열고 그 안에 몸담을 수 있는 것이다.

나의 죽음

결코 멈출 수 없는 것

그렇다면 우리 앞에 가로놓여 있는 것은 삶일까, 죽음일까? 누군가는 태어나는 순간부터 죽음이 시작된다고 말했다. 삶의 유효 기한을 놓고 삶이 이어진다는 말이리라. 마르케스의 《아무도 대령에게 편지하지 않다》(1961)에서 대령은 15년 동안 군인 연금을 받을 날만 기다리지만 이제 죽음에 더 가까워지고 있다. "삶이란 모진 것이야"라고 말하면서도 그는 오지 않는 편지만을 기다린다. "나는 급한 편지를 기다리고 있소. 오늘은 틀림없이 오기로 되어 있소"라고 말하자, 우체국장은 "틀림없이 오기로 되어 있는 것은 죽음뿐입니다, 대령님"이라고 대답한다. 우체국장마저 대령의 편지를 체념했다. 대령의 나이가 75세이니 죽음은 편지보다 가까이에 와 있다고 할 수 있다. 그럼에도 불구하고 그가 할 수 있는 유일한 일은 편지를 기다리는 것 말고는 없는 것 같다.

집 안의 물건을 다 팔아서라도 생계를 이으려는 부인에 비하면 집안 살림을 나 몰라라 하는 대령은 남의 이목만이 중요한 '허세'와 '체념'에 찬 인물이다. 부인은 "내가 죽어가고 있다는 걸 아셔야 해요. 지금 내가 걸려 있는 것은 병이 아니라 느릿느릿한 죽음이란 말이에요"라고 말한다. 그리고 마침내 생계에 대해 무기력하고 무능한 남편의 멱살을 잡기에 이른다. 죽음은 이렇게 삶 속으로 밀도 있게 스며들어 순간순간 날카롭게 인식하게 만드는 삶의 이면이다.

이것은 죽음의 부정적 측면이 아니라 삶에 대한 효과이다. 죽음이 삶의 대립항이 아니라 모든 생명의 상호주관적 통일의 개별적 이름인 것처럼, 삶 속에 배어든 죽음은 더욱더 삶을 인식하게 만든다. 삶만 있다면 "결코 극단적인 희열을 맛볼 수 없었을 것"이라던 바타유의 말은 이런 의미에서의 죽음의 효과이다. 그리고 죽는다는 기정사실이 나의 존재성을 무無로 돌리지는 않는다는 것도 같은 의미이다. 바타유는 "참으로 어처구니없게도 그것 없이는 우리가 존재하지 않을 바로 그 죽음을 저주하고 있다"고 말했다. 죽음은 그만큼 필연적이고, 우리의 삶에 대한 극한 설정이다. 이것을 부정적으로 바라볼 필요는 없다. 나는 영원히 살 수 없다. 아마 영원히 살고 싶지 않을 것이다. 무한정 살기만 한다면, 나의 삶의 가치나 의미는 중립화되어 삶에서의 생동감은 다 사라지고 권태에 빠져 미쳐버리고 말 것이다.

길이 언덕 위로 내내 구불구불한가요?
네, 맨 끝까지 그래요.
오늘 여정은 하루 종일 걸리나요?
아침에 떠나 밤까지 가야 해요, 친구여.

그런데 밤에 쉴 곳은 있나요?

서서히 저물 때쯤 집이 보일 거예요.

어두워서 보이지 않을 수도 있나요?

그 숙소를 못 찾는 일은 없을 거예요.

밤에 다른 여행자를 만나게 되나요?

먼저 간 사람들을 만날 거예요.

그러면 문을 두드려야 하나요, 보이면 불러야 하나요?

당신을 문 앞에 세워두진 않을 거예요.

여행에 지치고 약해진 몸이 위안을 찾게 되나요?

애쓴 만큼 대가를 얻을 거예요.

나와 찾아온 이들 모두의 잠자리는 있나요?

그럼요, 찾아오는 모두를 위한 잠자리가 있지요.

　　로세티Christina Rossetti의 시 〈언덕 위로〉(1861)는 죽
음을 삶의 여정으로 보는 흔한 시들 중의 하나이다. 시에
나타나는 모든 사물들, 아침과 밤, 여인숙, 여행자, 잠자
리, 문은 현실에서 볼 수 있는 사물들이다. 현실의 사물들
은 죽음을 삶과 친숙한 것으로 만든다. 그리고 홀로 고독
한 것으로 만들지 않는다. 다른 여행자들을 만나게 될 것
이고, 문 밖에 버려지는 일도 없을 것이다. 죽음은 마치 이
방에서 저 방으로 건너가는 것과 같다. 저 방에서는 화자
가 고단한 몸을 눕힐 잠자리가 마련되어 있다.

내가 죽음을 위해 멈출 수가 없었기에,

친절하게도 죽음이 나를 위해 멈췄었지요.

마차는 우리와

불멸만을 태웠어요.

그가 서둘지 않아 우리는 천천히 나아갔지요,

나는 내 일과 여가를 또한

제쳐두었지요,

그의 정중함 때문에.

우리는 학교를 지나갔어요, 아이들이

쉬는 시간에 둥글게 모여 노래를 부르며 게임을 하고

있었지요.

우리는 곡식이 익어 고개 숙이고 있는 밭도 지나갔어요.

저물어가는 해도 지나갔지요.

아니면 해가 우리를 지나갔을 수도 있어요.

이슬이 스며들어

얇은 명주로 된 나의 겉옷과

망사 숄로는 떨리고 추웠어요.

부푼 둔덕처럼

보이는 집 앞에서 우리는 멈췄어요.

지붕은 거의 볼 수 없고

지붕의 물받이는 땅에 있었지요.

그 후 수 세기가 흘렀으나

말 머리가 영원을

향해 가고 있다고 짐작했던

바로 그날보다 더 짧게 느껴져요.[*]

디킨슨Emily Dickinson의 〈내가 죽음을 위해 멈출 수가 없었기에〉(1890)에서 화자는 죽음을 동반한 점잖은 사람으로 묘사한다. 죽음은 마치 점잖은 신사 같지만 화자의 삶을 서둘러 중단시키는 바람에 하던 일과 여가를 제쳐두

---

[*] 원시에서 3연 부분은 "We passed the school, where children strove at recess—in the ring"으로 되어 있다. 'the ring'을 학교 운동장으로 해석할 경우, 아이들은 쉬는 시간에 운동장에서 시합을 한다고 볼 수 있다. 그러나 일설에 따르면 'the ring'은 노래에 동작을 붙인 전래되는 아이들의 놀이이다. 아이들은 손을 잡고 둥그렇게 원을 그리며 다음의 노래를 부른다. "Ring-a-round the rosie, A pocket full of posies, Ashes! Ashes! We all fall down." 이것은 공교롭게도 중세 유럽을 휩쓸었던 흑사병에 관한 내용으로 '죽어가는 사람'에 관한 것이다. 여기서 'rosie'는 죽음의 악취를 피하기 위한 코에 대고 있는 꽃을 상징하고, 'ashes'는 화장한 유골을, 'fall down'은 '죽음'을 나타낸다. 죽음은 이렇듯 어린아이들의 놀이에 자연스럽게 녹아 있다. 이 외에도 여러 편의 전래 동요와 동화에 죽음은 심심찮게 등장하였다.

고 길을 나서게 만든다. 그런데도 화자는 죽음의 "정중함" 때문이라고 말한다. 그리고 자신이 죽음을 위해 멈출 수는 없기 때문에, 죽음이 "친절하게" 자신을 위해 멈췄을 때 순응할 수밖에 없었다고 한다. 이것이 죽음의 성질이다. 전혀 예측되지 않는 죽음의 엄습. 미래는 우리가 장악할 수 있기는커녕 기습적으로 우리를 덮친다. 그러한 엄습에도 불구하고 화자는 죽음과 함께 인간의 일상적 풍경을 스쳐 간다.

로세티와 디킨슨의 두 시에서 죽음은 인간을 저항하지 않고 순순히 순응하게 만든다. 일상과 전혀 다른 사물은 나열하지 않고 일상적인 사물들로 죽음의 정서를 삶과 분리시키지 않는다. 따라서 죽음은 전혀 낯선 것처럼 이물거리지 않는다. 이러한 효과는 죽음을 삶의 이 방에서 죽음의 저 방으로 자연스럽게 건너가는 정도로만 보이게 만든다. 그럼에도 불구하고 죽는다는 사실은 '길고' '짧은' 기한과 관계할 때, 중간 과정 자체의 삶의 중요성이 간과되고 끝을 향하기만 하는 인간의 유한성에 대한 의식으로 볼 수도 있다.

이 의식 속에는 죽음에 의해 파괴되는 단순한 존재로서의 불행만 있을 뿐이다. 그러나 불행의 두려움만 있다면 삶은 걱정과 불안으로만 뒤덮일 것이다. 죽음만을 생각하면 죽음에 매몰될 수밖에 없다. 부모나 친한 친구, 혹은 형제의 죽음을 경험하고 그 슬픔에서 빠져나오지 못할 수도 있다. 나의 죽음은 내가 죽는 순간 슬픔도 아니며 아무것도 아니다. 그러나 가까운 사람의 죽음은 내가 모두 겪어 내야 할 고통과 슬픔을 남겨준다.

부모를 잃는다는 것은 고아가 되는 것이다. 나이가 적든 많든 부모를 잃은 슬픔은 상실감 이상의 것이 될 것이다. 형제나 친구의 죽음도 마찬가지다. 그들은 나와 인생을 공유했으며 추억을 가지고 있다. 그렇기 때문에 나의 죽음보다 훨씬 더 참기 어려운 일일 수 있다. 부모를 따라 죽은 자식이 있고, 남편을 따라 죽는 아내도 있다. 이것은 그들의 죽음으로 인해 혼자 이 세상에 남겨져야 한다는 단절의 경험 형태이다. 이러한 것은 야스퍼스가 주장한 대로 '비존재에 대한 불안'이다. 내가 언젠가 죽어야 한다는 사실을 알고는 있지만, '불확정한 예기豫期'로서의 죽음에 대한 의식으로 나의 죽음에 접근하는 것이다.

타인의 죽음으로 나의 죽음과 마주하게 되는 것은 사실이지만, 그로 인하여 내가 삶을 의미화하는 것이 반드시 쉬운 과정은 아니다. 그렇기 때문에 사건으로서의 죽음은 타인의 죽음이며, 절대로 경험될 수 없는 나의 죽음이다. 그렇게 죽음은 인간에게 단순히 불멸의 존재가 아니라는 이유에서가 아니라 공존하는 그 누군가의 상실을 의미하는 것으로서의 고통이다. 죽음은 그렇게 먼저 죽는 타인에 의해 나의 삶을 지배한다. 타인과 맺은 관계에 의해 "내가 영원한 현실을 유지한다"는 야스퍼스의 주장도 이러한 까닭에서이다.

죽음의 엄습, 만약 내가 죽어가는 것을 느낀다면 그 것은 육체의 고통을 통해서일 것이다. 이것은 철학적인 죽음이 아니라 '임종에 대한 불안'으로 질병의 통증이나 폭력으로 인한 고통에 의한 것이다. 따라서 비존재에 대한 불안과 임종에 대한 불안은 바로 나의 죽음에 대한 불안이다. 야스퍼스의 지적대로 "객관화가 불가능하고 일반적으로는 알려질 수 없는 것으로서의 나의 죽음"인 것이다.

위대한 유산

그리하여 나는 죽을 것이다. 모든 것에는 종말이 있고 인간의 종말은 시체이다. 시체의 부패만이 남을 것이다. 그 사실 앞에 나는 무력하다. 일반적인 죽음 대신 한 개인을 예로 들어 이야기를 해보자. "죽음이 무엇인가?" 하는 문제는 개인에게는 중요한 것이 아니다. "죽으면 죽는 거지"라고 말하는 것 또한 미래와 관련한 비현실적인 죽음에 의해서 나온 것이다. 지금 나는 여기에 살아 있다. 그동안의 나는 기술의 속도에 나의 삶을 따라잡느라 모든 집중을 하였기 때문에 죽음에 대해 생각할 겨를이 없었다. 죽음은 그만큼 더 멀어져 있다. 그러나 디킨슨의 시구처럼, 언젠가는 "정중한" 죽음이 "친절하게도" "찾아"올 것이다. 혹은 로세티의 시구처럼, 인생 여정에 "지치고 허약해진 몸"이 "평안을 찾아" "잠자리"를 얻는 것과 같은 죽음을 맞이하게 될 것이다. 그것도 30년쯤 뒤에나 말이다.

그런데 죽음의 예측이 언제나 미래적인 것과 다르게 죽음은 불시에 의식되는 일 없이 갑자기 일어난다. 마치 한 대 얻어맞은 것처럼 개인에게 죽음의 폭력이 가해질 수 있다. 아무 예고도 없이 얼굴도 보지 못한 사람이 던진 돌에 맞아 죽을 수도 있다. 셸리스와 조지프처럼.*

딸이 보기에 부모의 삶은 재미없는 것이었다. 그러나 여느 부부처럼 평범하게 살아가고 있었고, 딸이 생각할 때도 앞으로 30년은 더 살 것처럼 보였다. 아주 젊지도 않지만, 죽음을 의식해야 할 만큼 늙지도 않았으니까 말이다.

그러나 그들은 죽었다. 급습이 있었고, 죽음이 뒤따랐다. 그것은 우연적으로 순식간에 일어난 일이었다. 얼굴과 목에 가해진 타격으로 두뇌는 걸쭉해지고 마치 벌집이

---

*   크레이스의 《그리고 죽음》의 주요 인물들. 셸리스는 쉰다섯 살이며 조지프는 셸리스보다 18개월 연하이다. 그들은 30년 전에 조수 연구소에서 만났다. 30년을 부부로 함께 살았고 서로에게 사랑을 느끼기도 했으나 권태로 무심해지기도 하였다. 그러나 같은 직업, 공유한 인생, 공통의 기억이 있었다.

노출된 양 뇌의 내용물이 쏟아진다. 혈액이 공급되지 않자 마침내 심장과 허파는 멈추고 호흡과 기억이 사라진다. 생명이 그들에게서 빠져나가자 세포가 줄어들고 근육은 뻣뻣해지기 시작한다. 그들의 죽음에 평온함의 기색이라고는 전혀 없다. 품위도 잃었다. 만약 누군가 그들을 보았다면 추하다고 생각했을 것이다. 그러나 눈에 띄기 어려운 장소에 그들은 뒹굴었고, 이 위엄 없는 죽음에 대해 세상은 조금도 신경 쓰지 않았다.

그들은 썩어갔고 시간이 지나면서 고약한 냄새가 코를 찔러 갈매기나 게들에게도 매력이 없어졌다. 드디어 땅벌레와 자벌레, 노래기, 이, 관벌레, 벼룩, 빈대 같은 동물들에게로 넘겨졌다. 이후에는 썩은 살 속에서 구더기들이 이리저리 뒹굴면서 게걸스럽게 먹어댔다. 자연 앞에는 해양 동물학자라는 그들의 직업도, 지위도 무시된다. 인간이 그렇게까지 죽음을 숨기려고 했던 것이 이런 이유에서였을까? 동물과 전혀 다를 바 없는 부패의 과정은 존엄함이라고는 전혀 없는 창피하고 터무니없는 인간적 상황이다. 이러한 모습은 인간을 죽음 자체보다 더 경악과 수치스러움에 빠지게 만든다. 인간이 죽는 순간 장례와 애도가 이루어지는 것도 이 수치스러움에 대한 감춤, 죽음의 비움이었던 것이다. 인간의 죽음은 이렇게 뒹굴어도 훼손되어서도 안 되는 것이다.

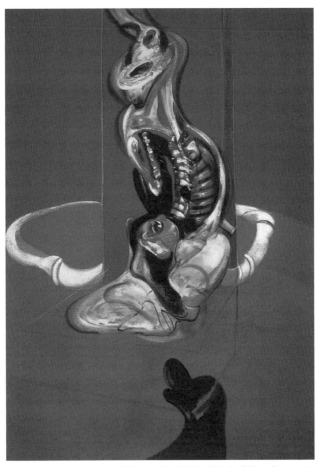

프란시스 베이컨, 〈십자가 책형의 기본 형상을 위한 세 개의 습작 3〉(1944)

그저 아무것도 없다

"난 푸줏간에 갈 때마다 거기에 걸린 고기가 짐승 대신 내가 아니라는 사실
에 놀라곤 한다."

셸리스와 조지프는 마침내 게와 파리들이 피와 살점을 깨끗이 발라먹은 상태로 나뒹굴 때 경찰에게 발견된다. 정확하게 경찰견의 뛰어난 후각 때문에 가능한 일이었다. 경찰견의 뛰어난 후각이 아니었더라면 차라리 그들의 모습은 보존될 수 있었을 것이다. 자연에 의해 쓸려 가고 먼지가 되었을 것이다. 그러나 발견되는 순간 세상에서 가장 추한 꼴이 되었다. 죽은 부부는 자신들의 죽음을 이해할 필요가 없었지만, 경찰을 비롯한 살아 있는 사람들의 심정은 고통스러운 것이었다. 사체를 처리하려면 죽음의 냄새와 이 모든 광경을 견뎌야 하는 것이다.

살아 있는 사람의 생각에는 죽음 또한 행복해야 한다. 쉽사리 강탈당하는 죽음이 아니라 노년의 세계에 도달할 때까지 기를 쓰고 나아갔어야 했다. 꿋꿋하게 참고 견뎌서, 침대에서 편안한 죽음이라는 정당한 보상을 받으려고 애썼어야 했다. 장례식이 죽음을 통한 잃어버린 인간의 가치를 회복시킨다고 믿는 것도 이와 같은 맥락에서인 것이다. 발견되지도, 장례를 위해 집으로 옮겨지지도 않을 셸리스와 조지프에게는 더 이상 문제될 게 없는 것이다. 그저 '아무것도 없다.'

이들의 죽음이 극단적으로 보일 수는 있지만, 우리는 하루에 열두 번도 더 극단적인 위험에 처해 있다. 살인과 폭력, 교통사고와 폭발 등등 위험은 도처에 있다. 인간은 죽음에 그만큼 취약하다. '부드러운 과일'처럼 살로 이루어진 육체는 그렇게 부서지기 쉽다. 인간은 그렇게 유한하며 무의미성 앞에 직면한다. 이러한 자기 생명이 무의미하게 죽는다는 사실 때문에 인간은 죽음을 예방하고 연기하고 대비하는 일에 전념한다. 즉 생명 보존의 세속적인 일에 모든 관심을 쏟는 것이다. 그러나 생명 보존과 본능적 욕망 충족에만 모든 에너지를 쏟는 것으로는 죽음의 압도적인 불행을 막을 수가 없다. 그것은 죽음을 더 낯선 것으로 만들고 죽음에 당면한 순간에 더 큰 절망과 몰락에서 헤어 나올 수 없게 만든다.

인간은 궁극적으로 시체로, 시체의 부패로 끝을 내게 되어 있다. 엄연한 이 사실 앞에서도 삶이 죽음으로 끝난다는 것을 믿지 못하게 하는 그 무엇의 느낌이란 것이 인간에는 있다. "이게 다일까?" 하는 죽음 뒤의 '무'에 대해 부인하고 싶을 정도로 인간은 인간을 제약하는 시간성에 대항하는 영원에 대한 충동과 의지를 가지고 있다. 그것은 다름 아닌 삶에의 의지이다. 죽는다는 한계상황과 마주했을 때 자신의 자유를 의식하고 삶의 과제에 성실하게 임하는 것이 시간적으로 유한한 존재가 아닌, 불사의 존재로서 자신의 삶을 창조할 수 있는 방법이다.

죽음 자체로서의 메시지, 그것은 우리가 결국에는 죽을 것이라는 사실이다. "생명이 존재한다. 생명이 사라진

다. 그것은 중요하지 않다"의 중얼거림이 우리를 살게 한
다. 죽음은 바로 삶에 대한 물음이며 삶의 손 안에 남겨지
는 유산이다. 이것은 그냥 비유적 표현이 아니다. 그렇게
크레이스의 《그리고 죽음》은 삶에게 남기는 유산으로서의
죽음 그 자체를 보여줄 수 있는 것이다. 죽음의 엄숙함도
진지함도 없는 살과 피와 근육으로 된 두 육신의 죽음 과
정만 보더라도 그들의 죽음이 진지하지 않은 것은 아니다.

　가출하듯 부모 곁을 떠나 버린 실비에게 부모의 빈집
은 먼저 불안감을 주었다. 그것은 자신이 집을 떠나기 전
의 일상, 아버지의 "늦었구나"라는 목소리의 부재를 실감
하는 일이었고, 그 부재는 이 세계에 나 아닌 다른 누군가
와 이어져 있다가 끊기면서 자신의 정체성을 잃어버리는
순간이기도 하다. 실비는 이미 수천 번이나 보았던 벽에
걸린 부모님의 결혼 사진을 보며 처음으로 죽음에 대한 생
각을 한다. "사람이 죽으면 사진 속의 얼굴이 변형될까?"
부모님이 죽었다는 사실이 확인되는 순간 사진은 기념물
이 될 것이다. 부모님의 사랑을 그 모습 그대로 영속화시
킬 역사이기 때문이다. 부모의 죽음은 그녀에게 진정으로
죽음을 사유하게 만들 '최초의 죽음'이 될 것이며, 그 죽음
끝에 자신의 죽음이 진실처럼 각인되어 있다는 사실을 알
게 될 것이다.

　실비에게는 사라진 부모 말고는 부모와 연락할 방법

이 아무것도 없다. 부모의 친구나 지인도 알 수 없다. 실마리가 될 만한 것을 하나도 찾을 수가 없다는 사실은 부모의 행방불명이 기정사실이 된다는 것을 의미했다. 경찰서에서 일러준 대로 시체 공시소에 들르자 다른 사람들의 죽음만 '처리'되었거나 처리 중이었다. 죽음의 냄새는 "솔벤트, 소독약, 세척제" 같은 "산업의 냄새"에 의해 덮여 있다. 시체는 이름과 출생지, 사망 날짜, 사인, 의사의 서명, 기록 담당자의 스탬프, 작업 번호 등에 의해 할당된 장소에 보관된다.

시체 공시소에서 일하는 직원은 죽음이나 비탄에 할애할 시간이 없을 만큼 젊다. 죽음을 취급하기에는 자신의 신세가 처량한 것이어서 유족들을 하나하나 신경 쓸 새가 없다. 그는 자신의 직업을 견디기 위해 너무 진지해서는 안 되는 것이다. 죽음을 너무 진지하게 받아들이면 정작 자신의 삶을 지속시키기 어려울 것이다. 살인 피해자나 자살한 사람들이 가득한 이곳에서 유머가 발휘되어야 하는 것도 그런 이유 때문이다. 따분해진 기술자가 고인의 특이한 콧수염을 그저 재미 삼아 면도로 밀어버리거나 립스틱으로 가짜 점을 그려 넣으면서 죽음은 삶을 지속시키기 위한 웃음이 되는 것이다. 죽음을 취급하는 직원은 죽음을 다루면서도 밥을 먹어야 하고, 시체를 찾으러 온 연고자에게 매력을 느끼고 마치 관광 가이드가 된 것처럼 시체들을 안내하기도 한다.

　연고자들이 발견하는 시체는 죽어가는 동안에 대변과 소변을 보고 뼈만 남을 때까지 악취를 풍긴다. 그 얼굴들은 더 이상 연고자들이 알고 있거나 사랑했던 사람의 모습이 아니다. 죽으면 얼굴이 변하기 때문에 엉뚱한 시신을 가져가는 경우도 있고, 뇌졸중이나 심장마비로 죽은 뒤 누군가 그의 틀니를 빼내는 실수를 저지를 수도 있다. 틀니를 빼내면 얼굴을 더 알아보기 어려워진다. 시체가 부어오르는 경우도 있고 표정이 비슷해져서 시체를 알아보는 일은 쉽지 않다. 마침내 연고자가 겨우 알아본 시체는 법원 등기 우편물처럼 방침에 따라 서명 후 전달되고 비로소 시체 공시소의 업무는 종료된다.

　그렇다고 해서 죽음이 진지하지 않다고 말할 수는 없다. 죽는다는 사실보다 죽음이 무서운 이유는 살아 있는 사람들의 상상, 즉 죽은 사람이 죽어갈 때 자신이 버림받았다는 느낌을 받았을 것이라고 추측하는 산 사람의 죄책감과 사체의 발가락에 매달아 놓은 꼬리표에 의해 신분이 식별될 때 산 사람이 느끼는 허무함 때문이다. 시체 공시소는 가족에 대한 경멸감으로 가득했던 실비조차 죽음의 다양한 방식과 형태에 완전히 압도되게 만드는 '죽음을 견뎌야만 하는' 곳이었다. "시체 공시소의 서랍 속에 없다면 살아 계신 겁니다"가 그녀가 들은 최후의 말이다.

행방불명된 부모를 찾지 못하고 시체 공시소로 빠져나온 이후, 그녀는 이제 덜덜 떨면서 걸려오는 전화를 받는다. 관념적인 죽음이 아닌 현실적으로 죽는다는 것에 대한 경험은 타인의 사체에서 고귀함 또는 존엄함이라는 인간에 대한 수식어를 모두 상실하게 만들었다. 비로소 부모의 소식을 범죄 현장의 경찰로부터 듣게 되지만 실비는 부모의 죽음을 해양 동물학자라는 직업과 관련된 익사 정도로 생각했다. 부모의 죽음을 먼저 목격한 경찰들은 "내가 딸이에요"라는 확인을 통해 실비가 죽은 사람과 관련되었다는 이유만으로 "고귀한 위엄을 얻은 귀빈"처럼 정중히 대했다. 시체가 훼손되면 훼손될수록 그 죽음에 연관된 살아 있는 사람은 그만큼 대접을 받는 것이었다.

실비는 그런 대접 속에 부모의 죽음을 극적인 어떤 것으로 받아들이면서 기묘하고 흥분되는 기분에 빠져든다. 셀리스와 조지프가 하필 그 장소에 갔기 때문에 사고가 생겼다는 듯이 "부모님이 거기에 가실 이유라도 있습니까?"라는 경찰의 질문에는 어떤 필연성의 암시와 유가족에 대한 궁핍한 애도가 담겨 있다. 경찰의 원망 담긴 애도는 타당한 것이었다. 죽고 나서도 여러 날 동안 발견되기 어려운 인적이 드문 장소였기 때문이다.

죽음이 부모를 흡수해버리면서 그 모습은 사체의 분해와 부패 그 이상도 이하도 아니었다. 그들은 세계에서 그렇게 빠져나갔다. 그들에게는 더 이상 미래도 과거도 존재하지 않았다. 인간이 죽음에 대해 무방비 상태라는 것이 가장 적합할 만한 모습이었다. 부모의 사체를 확인하면서 실비는 비로소 죽음을 생각하게 되고 동요한다. 보편적인 것으로 논의된 추상적인 죽음이 아닌, 자신과 이어지는 죽음에 대한 직면에서 발생되는 감정적 차이는 상당히 강렬한 것이다. 실비가 생각할 때 부모의 죽음은 느린 소모로 인한 노인의 속성도, 최후의 노인성 경련도 없는 '행복한 죽음'이었다. 질병이나 노쇠로 죽음을 기다린 것이 아니라 삶을 지속시키는 중에 죽음을 맞았기 때문에 그들의 모습에 분노나 슬픔, 절망의 징후는 전혀 없었던 것이다.

실비에게 충격적인 것은 그들이 살인을 당했기 때문도 아니고, 알몸으로 죽었기 때문도 아니다. 어머니의 발목에 가볍게 닿아 있는 아버지의 손가락 때문이었다. 각자 단수로서의 개별적 죽음을 경험하는 속에서도 조지프는 죽기 직전 어떻게든 아내 쪽으로 손을 뻗겠다는 의지와 아드레날린을 끌어냈다. 그는 손가락을 뻗어 아내의 단단한 뼈를 움켜잡으려 했다. 그리고 생명은 빠져나갔다. 이렇듯 죽어서 모든 것은 해체되었어도 사랑하는 사람으로서의 자유 의지가 그 손가락에 담겨 있다. 이것이 실비를 경탄하게 만들면서 그녀의 가슴에 '뒤늦게 사랑을 가득 채울 힘'을 갖게 만든 죽음의 모습이자 의미였던 것이다. 급속한 파괴에도 불구하고 부모가 아주 특별하게 느껴진 이유였다. 실비에게 세상은 다르게 보이기 시작한다. 전에는 잘 와닿지 않던 삶이 이제 부모의 부재를 통해 한껏 다가온다. 실비는 자신에게 "자신에게 할당된 짧은 인생이 나날이 줄어들 때, 죽어가는 사람은 남은 시간을 어떻게 보내야 하는가?"라는 물음을 던진다.

오랫동안 부모와 떨어져 지낸 실비에게 부모의 존재는 살아 있을 때보다 죽음 이후에 더욱 커진다. 부모의 죽음은 이별의 고통과 슬픔이 아니라 부모와의 화해 수단이 된다. 이로써 인간의 유한성이라는 한계 너머의 삶에 대한 의미로 죽음이 초월된다. 이것이 살아 있는 사람에게 보내는 죽은 사람의 메시지이다. 실비에게는 새로운 세계가 열리고 삶이 시작된다. 이제 할 수 있는 것은 그저 탄생과 죽음 사이의 공간을 끌어안는 것, 열심히 사는 것이다.

죽은 사람이 살아 있는 사람에게 알려주는 것, 그것은 인간에게 결코 존재하지도 않는 영원에 골몰할 필요 없이 삶을 이 세상에 남기고 가는 방법이다. 탄생과 죽음의 변화를 본질적인 존재 방식으로 받아들이면서 삶을 살아내는 것이 죽음의 의미인 것이다. 이렇게 죽음의 의미는 실비와 함께 변화한다. 부모의 죽음을 통해 자신의 삶에 대한 답이 구해지는 것, 그것이 바로 죽음의 위대한 유산인 것이다. 그렇기 때문에 미래에 출현할 아직은 알 수 없

는 미지의 것 때문에, '지금 넘어질 수도 있다'는 의식으로
불안에 떨지는 않아도 된다.

영원한 삶, 현재

죽음이 '꾸미기'의 상품이 되고 전용 공원에 안착되
어 구경거리가 된 것처럼, 죽음은 또한 언어를 통해 논의
되는 하나의 구경거리이기도 하였다. 반면, '죽는다는 것'
은 개인이 겪어낼 시련이라는 점에서 죽음과는 차이가 있
다. 프랑스 철학자 그르니에Jean Grenier가 구분한 '죽음'과
'죽는다는 것'에 따르면, 객관적이라고 부르는 '지성'은 하
나의 세계와 마주하여 냉정하게 버티고 있으면서 죽음을
객관적이며 보편적으로 설명한다. 인터넷과 TV 뉴스, 그
리고 신문에서 나타나는 타인들의 죽음, 그것은 나와 무관
한 것일 수 있다. 그러나 죽는다는 것은 내가 경험할 고통
이며 상상으로 매일 그 시련을 겪을 수도 있다. 타인들, 그
리고 나와 가까운 사람들의 시련 역시 내가 떨쳐버릴 수만
은 없는 나의 시련인 이유이다. 죽음은 또한 언제든지 일
어날 수 있는 사건이며 기다림뿐만 아니라 놀라움의 대상
이기도 하다.

"죽으면 그만이지"라는 말에서 나오는 보편적이고
불확실한 진리로서의 죽음에 대한 태도는 분명히 내가 죽

어간다는 현실과는 다르다. 내가 세계에서 사라지는 것은 세계로 봐서는 아무 일도 아니지만, 나로서는 전부이다. 내가 죽으면 다른 누군가로 대체하면 되지만 나는 한 번 사는 것으로서의 유일성만을 가지고 있을 뿐이다. 따라서 죽음을 느끼는 것은 나의 죽음을 단순 발생적인 것만으로는 받아들일 수 없는, 다른 무엇에 대한 기대이며 아무것도 없을 것이라는 데 대한 불안이다.

이때 삶이 중요해진다. 이때의 삶은 정신의 삶이다. 헤겔Georg Wilhelm Friedrich Hegel의 말처럼 정신의 삶이야말로 절대 고통 속에서 자신을 되찾으면서 죽어야 한다는 진실을 정복할 수 있는 것이다. 정신의 삶이란 죽음 앞에서 공포에 사로잡혀 뒷걸음치며 파괴로부터 어떤 상처도 없이 자신을 지키는 삶이 아니라 죽음을 지니고 있는, 그래서 죽음 자체에서 유지되는 삶을 말한다. 이 말은 수동적으로 펼쳐지는 단순한 삶이 아니라 현재를 영원처럼 사는 삶이다. 모든 위험을 받아들이면서 삶을 총체로서 사랑하는 것이 인간의 유한성에도 불구하고 죽음을 단지 '무'로 만들지 않는 길이다. 그것이 죽음의 의미인 것이다.

인명 설명

조르주 바타유Georges Bataille (1897~1962)

프랑스의 소설가이자 사상가로, 무신론적 입장에서 인간의
절대성을 탐구하여 죽음, 에로티즘, 금지, 과잉, 소비 등을
다루었다. 특히 《어떻게 인간적인 상황을 벗어날 것인가》에서
죽음이라는 타협 불가능한 내밀한 질서에 대해 인간이
두려움을 갖게 되었기 때문에 제사 의식이 생겨났음에
주목하였다. 즉, 제사 의식을 통해 '버림'과 '위로'가
가능해졌으며, 이로써 동물이 아닌 인간으로서의 삶이
의미화될 수 있었다.

프리모 레비Primo Michele Levi (1919~1987)

유대계 이탈리아 작가이자 화학자로, 아우슈비츠에서 살아남은
후 여러 작품들을 발표하였지만 돌연 자살하였다. 주요 저서로
《이것이 인간인가》, 《주기율표》, 《지금이 아니면 언제》 등이
있다.

카를 야스퍼스Karl Jaspers (1883~1969)

독일의 실존주의 철학자이다. 자신이 지병에 시달리면서
죽음과 고통을 경험한 후, 인간은 정신 병리적 현상 속에서
자기 실존의 참된 실존을 드러낸다는 한계상황론을
전개하였다. 나아가 전 인류의 보편적 한계상황으로서의
전쟁과 죄악의 문제를 다루면서, 인간이 빠지기 쉬운 배타적
독선과 자기중심적 사고 방식을 바로잡아 이성과 사랑에
근거한 교제의 공동체로서의 인류 세계의 비전을 제시하였다.
주요 저서로《진리론》,《철학적 사유의 작은 학교》,《역사의
기원과 목표》 등이 있다.

미셸 푸코Michel Foucault (1926~1984)

프랑스의 철학자로, 정신의학 이론과 임상연구를 통해 인간의
지식은 어떤 과정을 거처 형성되며 변화하는지 탐구하였다.
특히, 《성의 역사》에서 죽음의 문제를 군주의 권력 행사와
묶인 것에 주목하여, 생명에 대한 권리 행사로 사용될 만큼
죽음의 가치가 삶보다 컸다가 점차 가치가 하락하여 죽음이
개인적이고 사적인 것으로 바뀌게 된 역사를 조명하였다.
정신의학 이론과 임상 연구를 통해 인간의 지식은 어떤 과정을
거쳐 형성되며 변화하는지 탐구하였는데, 그 과정에서 각
시대마다 '앎'의 기저에 무의식적 문화의 체계가 있다는 사상에
도달했고, 정신병의 원인을 사회적 관계 속에서 밝혀냈다.

지그문트 바우만Zygmunt Bauman (1925~2017)

폴란드 출신의 영국 사회학자이다. 주로 현대사회의
유동성과 인간의 조건을 분석하였다. 그는 기존 근대사회의
작동 원리였던 구조·제도·풍속·도덕이 해체되면서 유동성과
불확실성이 증가하는 국면을 '유동하는 근대'라고 일컫는다.
주요 저서로 《새로운 빈곤》, 《액체근대》, 《고독을 잃어버린
시간》 등이 있다.

게오르크 짐멜Georg Simmel (1858~1918)

독일의 사회학자로, 인간들 사이의 상호작용을 이해하는
것이 사회학의 주된 과제라고 생각하여 상징적 상호작용론을
발전시키는 데 기여하였다. 특히 《대도시와 정신적 삶》에서
대도시의 인간 감정을 연구하여 그들의 고독과 소외의 원인을
화폐 경제의 보편화에서 찾았다. 전형적인 대도시인의 심리적
기반은 신경과민인데, 외부 환경의 흐름이나 그 모순들에 의해
위협받는 상황에 대해 대도시인들은 '무감각'이라고 하는 방어
메커니즘을 만들어냈다고 본다.

노베르트 엘리아스Norbert Elias (1897~1990)

독일 출신의 영국 사회학자이다. 그의 저서 《문명화 과정》을
통해 중세로부터 서양 문명이 어떻게 '문명화'되었는지 예절의
발생 계보를 구성하면서, 문화 개념에 대한 사회발생론을
제시하였다. 《죽어가는 자의 고독》에서는 서양 문명과
서구인들의 죽음에 대한 태도를 조망하면서 중세의 죽음과
현대의 죽음을 비교, 현대인이 가진 죽음의 이미지가 어떻게
구성되었는지를 사회 발생론적으로 추적하였다.

에마뉘엘 레비나스Emmanuel Levinas (1906~1995)

프랑스의 유대계 철학자로, 타자에 대한 책임을 기반으로 하는
타자의 철학에 몰두하였다. 그는 죽음의 문제를 인식론적이고
존재론적으로 접근하지 않고 윤리적인 차원에서 접근하여,
타자의 죽음에 대한 무조건적 응답을 통해 인간적·윤리적
자아가 된다고 주장하였다. 주요 저서로 《시간과 타자》,
《존재에서 존재자로》 등이 있다.

알폰소 링기스Alphonso Lingis (1933~)

미국의 철학자로 메를로-퐁티와 샤르트르를 전공하였다.
현실에서 마주치고 접촉하는 타자들의 호소와 요구가 인간의
삶을 자극하고 인도한다고 보고 있다. 그는 궁극적으로
공동체론을 주장하면서 타자를 외면하는 사회는 자멸할
것이라는 전망을 내놓았다. 주요 저서로 《낯선 육체》,
《아무것도 공유하지 않은 자들의 공동체》가 있다.

모리스 블랑쇼Maurice Blanchot (1907~2003)

프랑스의 작가이자 사상가로, 철학과 문학비평 및 소설의
영역에서 많은 글을 남겼으며, 특히 존재의 한계와 부재에 대한
사유를 대변하였다. 주요 저서로 《죽음의 선고》, 《문학의 공간》,
그리고 낭시의 《무위의 공동체》에 대해 응답한 《밝힐 수 없는
공동체》 등이 있다.

참고문헌

가라타니 고진, 《윤리21》, 송태욱 옮김, 사회평론, 2001.

가브리엘 가르시아 마르케스, 〈물에 빠져 죽은 이 세상에서 가장 멋진 남자〉, 《꿈을 빌려드립니다》, 송병선 옮김, 하늘연못, 2006.

_____, 《내 슬픈 창녀들의 추억》, 송병선 옮김, 민음사, 2005.

_____, 《아무도 대령에게 편지하지 않다》, 홍보업 옮김, 민음사, 1977.

김훈 외, 《2004년 이상문학상 수상작품집》, 문학사상사, 2004.

노베르트 엘리아스, 《죽어가는 자의 고독》, 김수정 옮김, 문학동네, 2012.

미셸 푸코, 〈죽음에 대한 권리와 삶에 대한 권력〉, 《성의 역사1: 지식의 의지》, 이규현 옮김, 나남출판, 2010.

밀란 쿤데라, 《느림》, 김병욱 옮김, 민음사, 2012.

베른하르트 슐링크, 《책 읽어주는 남자》, 김재혁 옮김, 시공사, 2013.

알베르 카뮈, 〈아이러니〉, 《안과 겉》, 김화영 옮김, 책세상, 2000.

에마뉘엘 레비나스, 《시간과 타자》, 강영안 옮김,
문예출판사, 1996.

＿＿, 《신, 죽음 그리고 시간》, 김도형·문성원·손영창 옮김,
그린비, 2013.

조르주 바타유, 《에로스의 눈물》, 유기환 옮김,
문학과의식사, 2002.

지그문트 바우만, 《고독을 잃어버린 시간》, 조은평·강지은 옮김,
동녘, 2012.

짐 크레이스, 《그리고 죽음》, 김석희 옮김, 열린책들, 2009.

케이트 쇼팬, 《내 영혼이 깨어나는 순간》, 강하나 옮김,
부북스, 2012.

프랑수아 라블레, 《가르강튀아 | 팡타그뤼엘》, 유석호 옮김,
문학과지성사, 2004.

프리모 레비, 〈작가의 말〉, 《이것이 인간인가》, 이현경 옮김,
돌베개, 2007.

배반인문학

죽음

초판 1쇄 발행 2014년 2월 5일
개정판 1쇄 발행 2021년 9월 13일

지은이 · 최은주
펴낸이 · 주연선
책임편집 · 임유진
개정판 편집 · 한재현

(주)은행나무
04035 서울특별시 마포구 양화로11길 54
전화 · 02)3143-0651~3 | 팩스 · 02)3143-0654
신고번호 · 제 1997—000168호(1997. 12. 12)
www.ehbook.co.kr
ehbook@ehbook.co.kr

잘못된 책은 바꿔드립니다.

ISBN 979-11-6737-065-5 (04100)
ISBN 979-11-6737-005-1 (세트)